Lettenbauer · Tolstoj

Artemis Einführungen

Band 11

Herausgegeben von
Peter Brang
Willi Erzgräber
Hans Fromm
Manfred Fuhrmann
Walter Hinck
Ulrich Mölk
Klaus von See

TOLSTOJ

Eine Einführung von
Wilhelm Lettenbauer

ARTEMIS VERLAG
MÜNCHEN UND ZÜRICH

CIP-Kurztitelaufnahme der Deutschen Bibliothek

Lettenbauer, Wilhelm:
Tolstoj : e. Einf.
von Wilhelm Lettenbauer.
München : Zürich : Artemis-Verlag, 1984.
(Artemis-Einführungen ; Bd. 11)
ISBN 3-7608-1311-9

NE: GT

INHALT

Wilhelm Lettenbauer zum Gedenken

Der Verfasser der vorliegenden Einführung ist über den Kreis der Slawisten hinaus vor allem mit seiner informationsreichen und zuverlässigen »Russischen Literaturgeschichte« (2. Aufl. 1958) bekannt geworden. Er hat sich jedoch auch durch seine intensive Mitarbeit an verschiedenen Sammelwerken um die Kenntnis der Slawenwelt hoch verdient gemacht – mehr als 300 Beiträge über die russische, ukrainische und weißrussische Literatur in den literarischen Lexika der Verlage Kindler und Kröner stammen aus seiner Feder. Neben zahlreichen Arbeiten über Themen aus der slawischen Sprach- und Literaturgeschichte veröffentlichte er die Studie »Moskau, das Dritte Rom. Zur Geschichte einer politischen Theorie« (1961) sowie die kultur- und religionsgeschichtliche Untersuchung »Der Baumkult bei den Slawen« (1981).

In nahezu einem Dutzend Aufsätzen über Lew Tolstoj hat sich Wilhelm Lettenbauer seit 1953 immer wieder mit literarisch-ästhetischen Problemen des Tolstojschen Werks auseinandergesetzt, im Sinne des Anliegens der vorliegenden Einführungsreihe. Die Frage, ob er für sie einen Band über Tolstoj schreiben wolle, beantwortete er denn auch ohne Zögern mit einer Zusage. Es war ihm vergönnt, die Arbeit zum Abschluß zu führen. Das Erscheinen dieses Bandes hat er nicht mehr erlebt. Er starb am 5. Januar 1984 in Ehrenkirchen bei Freiburg i. Breisgau im Alter von 76 Jahren.

P.B.

EINLEITUNG

Die von Lew Nikolajewitsch Tolstoj ausgehende Wirkungsgeschichte ist vielfältig; sie beschließt in sich den Widerhall, den seine dichterischen, epischen und dramatischen Werke gefunden haben, aber auch das Echo seiner pädagogischen und kunsttheoretischen, seiner exegetischen und sozialrevolutionären Schriften und nicht zuletzt seiner Tagebücher. Wenn im folgenden versucht wird, in einer Einführung auf einem im Verhältnis zum Gesamtwerk sehr knapp bemessenen Raum Tolstoj dem Verständnis von Lesern, auch und gerade solchen, die des Russischen nicht mächtig sind, näherzubringen, so gründet die mit einem derartigen Versuch verbundene Erwartung auch darauf, daß neuere Ergebnisse der Forschung zur Verfügung stehen, die besonders hinsichtlich der sprachlich-stilistischen Seite bemerkenswert sind; lassen sie doch andere Züge neben den vordem bekannten und üblicherweise in literarhistorischer Darstellung Tolstojscher Erzählkunst vorgebrachten Eigenheiten aufscheinen. Im Mittelpunkt der folgenden Ausführungen steht das künstlerische Werk; doch wird nicht selten, sei es im Formalen des Aufbaus, im Thematischen oder im Stil, ein Zusammenhang mit dem übrigen Schrifttum Tolstojs sichtbar. Denn seine Kunsttheorie hat sich auch in seinem literarischen Spätwerk niedergeschlagen; schon früh hat er eine Form gefunden, in der er weit später Abhandlungen mit sozialrevolutionärer Thematik verfaßt hat, oder es werden von ihm in nichtliterarischer Darlegung vorgebrachte Auffassungen über Bibel, orthodoxe Kirche und Christentum in Andeutungen bereits in seiner Kunstprosa früherer Jahre vernehmbar.

Nicht nur die außerordentliche Spannweite, die in Tolstojs Gesamtwerk zutage tritt, brachte es mit sich, daß er in der russischen Literatur des 19. Jahrhunderts eine Sonderstellung eingenommen hat. Eine solche ergab sich bereits beim Beginn seiner literarischen Tätigkeit, insofern er nicht, wie die meisten der bedeutenden russischen Realisten, unter ihnen Turgenjew, Gontscharow, Dostojewskij und der Dramatiker Alexander Ostrowskij, dem Kreis der »Natürlichen Schule« angehört hat. Während der kurzen Zeit ihres Bestehens, ca. 1845 – 1850, griffen die ihr nahestehenden Autoren vorzugsweise gewisse Stilprinzipien Gogols auf und gebrauchten sie in einer Weise, die, wie man annahm, die künstlerische Wiedergabe der Wirklichkeit im Sinn des Naturalismus ermöglichte. Der Held war gewöhnlich der untere Beamte, er wurde in den verschiedenen Bereichen seines Lebens, des gesellschaftlichen wie des häuslichen, vorgestellt, nicht selten als Sonderling, als Träumer. Mit der Aufnahme von Formen des Sentimentalismus, dem Eindringen philanthropischer Tendenzen parallel zur französischen Literatur und neuer stilistischer Verfahrensweisen erfolgte der Übergang zu einer freilich keineswegs völlig homogenen Strömung, die als russischer künstlerischer Realismus bezeichnet und für die Jahre ca. 1850 – 1890 angesetzt wird.

Mithin ist Tolstoj von anderen Voraussetzungen ausgegangen als die Mehrzahl der namhaften Schriftsteller der zweiten Jahrhunderthälfte. Eigenständigkeit im Stil, in der Wahl der Gattungen, in der Thematik sowie in der Sinngebung ließen ihn, im Widerstand gegen die Maßstäbe einer vorwiegend nach soziologischen Gesichtspunkten urteilenden Kritik, zumal gegen die Forderung nach stetiger Aktualität der Themen und ihrer Ausführung, anfangs der sechziger Jahre in eine »innere Emigration« auf sein Landgut in Jasnaja Poljana gehen. Ein beredtes Zeugnis über das literarische Leben in diesem Jahrzehnt, als immerhin Turgenjew bereits wohlbekannt war, jedoch offenbar als Ausnahmefall galt, gibt N. M. Pawlow, Mitarbeiter des von Iwan Aksakow herausgegebenen Journals »Der Tag« (Den') in einem mit »Unsere Übergangszeit« betitelten Beitrag:

»Künstlerische Erzählungen, allgemein genommen, gibt

es nicht, unsere sogenannte schöne Literatur ist beim Feuilletonroman angelangt … In unseren Zeitschriften sucht man in der Abteilung ›Schöne Literatur‹ vergeblich Erzählungen oder Romane; das ist immer wieder die nämliche Publizistik; sie kleidet sich nur in die Form der Erzählung oder des Romans. So ›Fata Morgana‹ [Marevo, Roman von V. P. Kljuschnikow, 1864], so ›Das aufgewühlte Meer‹ [Vzbalamutschennoje more, Roman von A. F. Pisemskij, 1863], so der unmögliche und viel besprochene Roman ›Was tun?‹ [von Tschernyschewskij, 1863], so noch ›Väter und Söhne‹ [1861], – ehrenhalber sei es gesagt, der letzte Roman ist am allerwenigsten so beschaffen…Stolz auf die vor kurzem bei uns geweckten Einsichten über die sogenannten sozialen Interessen, verachtet unsere Journalistik jetzt jene Werke, die in rein künstlerischer Hinsicht interessieren. Werke dieser Art stehen bei ihr an letzter Stelle. Die Publizistik ist es, die nach einer heute ziemlich verbreiteten Meinung jede Zeitschrift, die zeitgemäß sein will, auf ein hohes Niveau heben muß; und die Journale früherer Jahre, wo alles fast nur auf die künstlerische Abteilung beschränkt war, werden bereits als etwas Kindisch-Lächerliches und für immer Überlebtes hingestellt… Bei unserem Zeitschriftenwesen, das unnatürlich ist und sich weit über unsere Kräfte hinaus entwickelt hat, besteht eine riesige Nachfrage nach Erzählungen und Romanen; die Möglichkeit jedoch, leicht jeden belletristischen Schund durch das soziale Interesse aufzuputzen und ihm durch billige Variationen auf zeitgenössische Themen Dauerhaftigkeit zu verleihen, entbindet die Autoren ganz und gar von der Notwendigkeit, den allgemeinen Plan wie auch die Einzelheiten ihrer Werke streng zu überdenken – sie werden gebacken wie Pfannkuchen« (in Beilage zum Russischen Archiv, Russkij Archiv, 1888, Moskau 1888, zit. nach Ejchenbaum, 1931, S. 222 f.).

Dieser und mancher ähnlich lautende Bericht lassen ermessen, was der vor allem mit *Krieg und Frieden* erfolgte Durchbruch zu allgemeiner Anerkennung der Erzählkunst Tolstojs für die russische Literatur seiner Zeit bedeutete.

Für sein Wirken außerhalb Rußlands bietet seine Aufnahme in Frankreich ein höchst bemerkenswertes Beispiel. Schon Turgenjew bemühte sich um die Verbreitung der Kenntnis von Werken Tolstojs unter seinen französischen Freunden, und Flaubert, den er überredet hatte, *Krieg und Frieden* zu lesen, tat dies, wie er sich in einem Brief äußerte, »avec des cris de joie et d'admiration«, fügte allerdings tadelnd hinzu: »Il se repète, et il philosophise!«

Eine breite französische Leserschaft fand Tolstoj aber erst, nachdem 1886 ein Buch erschienen war, in dem nach zwei Kapiteln über die vorromantische Literatur und die Dichtung der Romantik vor allem die Entwicklung des russischen realistischen Romans am Beispiel Gogols, Turgenjews, Dostojewskijs und Tolstojs dargestellt war: *Le roman russe* von Eugène-Melchior de Vogüé. Der Autor hatte darin eine Reihe von Essays zu einem fortlaufenden Text zusammengefaßt. In den fünf Jahren vor der Veröffentlichung des Vogüéschen Werkes waren insgesamt 500 Exemplare der ersten französischen Übersetzung von Tolstojs *Krieg und Frieden* verkauft worden, in dem einen Jahr nach dem Erscheinen des Buches waren es bereits 20.000, also die vierzigfache Zahl. Wie gewaltig seine Wirkung war, geht auch daraus hervor, daß nach der Meinung vieler zeitgenössischer Kritiker Vogüé für Rußland das getan hat, was Frau von Staël mit *De l'Allemagne* für Deutschland geleistet hat. Unter den in *Le roman russe* vorgestellten Schriftstellern war es Tolstoj, der zunächst den stärksten Eindruck hervorrief. Das Werk, das 1927 in der 21. Auflage herauskam, hat der russischen Literatur den Weg nicht nur zum französischen, sondern auch zum englischen, später zum italienischen und spanischen Leser gebahnt. Hinsichtlich der Zahl der Übersetzungen in fremde Sprachen stehen die Werke Tolstojs heute obenan.

Die Sekundärliteratur über ihn ist sehr umfangreich; sie brauchte jedoch in dem vorliegenden, sich am Text haltenden, die Biographie nur am Rand berührenden Überblick bloß mit einer Auswahl der für die hier gestellten Fragen wichtigen Untersuchungen berücksichtigt zu werden. Besondere Erwähnung verdienen die Beiträge Boris Ejchenbaums zur Tolstoj-Forschung, namentlich die Bände von 1928, 1931 und 1960. Manche seiner Auffassungen müssen freilich heute als überholt gelten.

Der beschränkte Raum machte es erforderlich, auf die Einbeziehung einer Anzahl von Werken, wie Dramenfragmente, späte Erzählungen, Volkserzählungen und Legenden, zu verzichten. Die Zitate werden, soweit anderes nicht eigens vermerkt ist, der Dünndruckausgabe des Winkler-Verlags entnommen. Die Zitate aus *Krieg und Frieden* sind Übersetzungen des Verfassers dieser Einführung.

I

Die Tagebuchskizze als Vorstufe zum Sprachkunstwerk: *Geschichte des gestrigen Tages*. Die Trilogie der Jugenderinnerungen, eine Autobiographie, die im strengen Sinn des Wortes keine ist: *Kindheit, Knabenjahre, Jünglingszeit*

Der erste literarische Versuch Tolstojs ist aus Tagebuchaufzeichnungen heraus entstanden, und er ist bruchstückhafter Versuch geblieben. Die Niederschrift dürfte auf den März des Jahres 1851 zu datieren sein. Unmittelbar danach begann Tolstoj mit der Abfassung der Novelle *Kindheit*. Die Skizze, heute betitelt mit *Geschichte des gestrigen Tages*, ist eine Vorstufe zu dieser Novelle; sie enthält gewissermaßen im Keim bereits wesentliche Eigenheiten späterer künstlerischer Werke des Dichters. Sie beginnt:

»Ich schreibe die Geschichte des gestrigen Tages nicht deshalb, weil der gestrige Tag durch irgend etwas bedeutsam gewesen wäre, sondern deshalb, weil ich schon lange die intime Seite des Lebens eines Tages schildern wollte. Gott allein weiß, wie viele mannigfache, anziehende Eindrücke und dunkle, unklare, aber nichtsdestoweniger unserer Seele verständliche Gedanken, die jene Eindrücke bewirken, an einem Tag entstehen.

Wenn es möglich wäre, sie so zu erzählen, daß ich selber mich leicht lesen könnte und alle anderen mich so lesen könnten wie ich selber, würde ein sehr lehrreiches und unterhaltsames Büchlein entstehen, und zwar ein solches, daß alle Tinte und alle Typographen nicht ausreichen würden, es zu vervielfältigen.«

Die *Geschichte des gestrigen Tages* ist, so bemerkt V. Schklowskij (1966, S. 273), »der Versuch, das innere Leben des Helden zu enthüllen bei Verminderung der Rolle der äußeren Ereignisse. In der Folge hat Tolstoj äußere Ereignisse von grandioser Stärke in die Darstellung einbezogen und zugleich die innere Welt enthüllt.« Neben der bereits in diesem frühen Entwurf hervortretenden Neigung zur Selbstbe-

15

obachtung fällt im einzelnen die Verwendung der eindrucksvollen rhetorischen Figur des Impossibile auf (»daß alle Tinte...«), die ihrem Wesen nach der Hyperbel nahesteht.

Von 1850 an hat Tolstoj, wie man annehmen darf, obwohl er den literarischen Kreisen und ihren Streitigkeiten um die zeitgenössische Literatur fernstand, die in ihr erkennbaren Richtungen genau verfolgt. Als eines der vorrangigen Anliegen literarischer Tätigkeit wurde unter anderem in Äußerungen des Dichters Nekrasow, des Schriftstellers Drushinin und des Literaturkritikers Annenkow die Autobiographie genannt. Wenn Tolstoj den Plan faßte, einen vier Entwicklungsepochen, vier Lebensabschnitte umfassenden Roman zu schreiben, befand er sich somit offenbar im Einklang mit dem seinerzeit von Literaten nicht selten gehörten Rat, die Form der Autobiographie und der Erinnerungen zu wählen. Er bemerkt am 30. November 1852, nach der Beendigung von *Kindheit*, im Tagebuch (er ist am 20. April 1851 mit dem Bruder Nikolaj in den Kaukasus abgereist):

> »Die vier Lebensetappen in meinem Roman werden mit Tiflis enden. Ich kann darüber schreiben, denn ich habe jetzt großen Abstand genommen. Und als Roman eines gescheiten, empfindsamen und in die Irre gegangenen Menschen wird es lehrreich sein, wenn auch kein Dogma. Der ›Roman eines russischen Gutsbesitzers‹ hingegen wird ein Dogma.«

Den letztgenannten Romanplan verwirklichte Tolstoj jedoch nur in der Form eines kleinen Fragments, das 1856 unter dem Titel *Der Morgen eines Gutsbesitzers* veröffentlicht wurde. Das Vorhaben, vier Lebensabschnitte literarisch zu gestalten, gedieh schließlich zu der Trilogie *Kindheit* (1852), *Knabenjahre* (1854), *Jünglingszeit* (Fragment, 1857). Daß das vierte Stück, zuletzt geplant als zweiter Teil der *Jünglingszeit*, nicht geschrieben wurde, dürfte unter anderem darin begründet sein, daß Tolstoj den von Anfang an festgelegten Aufbau der drei Teile nicht fortsetzen wollte, da dieser seinen künstlerischen Intentionen nun nicht mehr genügte. *Kindheit*, nach anderthalbjährigem Bemühen erst in der vierten Fassung herausgegeben, zeigt eine gewisse formale Ähnlichkeit mit der *Geschichte des gestrigenTages*. Wie in dieser Skizze bilden verschiedene Szenen eines einzigen Tages, unterbrochen von Abschweifungen und Charakteristiken, einen großen Teil der Novelle. Die erzählte Zeit ist fast gänzlich auf zwei Tage beschränkt, einen Tag auf dem Dorf (Kap. 1–12) und einen weiteren, ein halbes Jahr später, in Moskau (Kap. 16-24); in Kapitel 25 wird mit dem von der Erkrankung der Mutter handelnden Brief die Rückkehr ins Dorf motiviert, in Kapitel 27, dem vorletzten, wird Nikolenka Irtenjew gezeigt, in Gedanken über die tote Mutter versunken, die er betrachtet. Kapitel 15 bringt einen Exkurs über das Thema Kindheit.

Wohl handelt es sich in der Trilogie um eine Autobiographie, in der der Erzähler die Geschichte seines Lebens bringt; doch ist die Einzigartigkeit dieser Jugenderinnerungen darin zu sehen, daß sie keine Autobiographie im strengen Sinn des Wortes sind. Der junge Held ist Nikolenka Irtenjew, nicht Tolstoj, und nicht jener, sondern der ältere, der erwachsene Irtenjew berichtet. Zudem sind die Geschehnisse, das heißt das biographische und autobiographische Material, nur sehr locker durch eine Fabel verbunden, sie sind vielmehr auf die Entwicklung des Knaben vom 10. bis zum 16. Lebensjahr bezogen. Innerhalb der Trilogie hören wir also die Stimme eines einzigen Erzählers. »Und zugleich wissen wir jedesmal genau, wo wir es mit der Wahrnehmung des Knaben Nikolenka oder des Jünglings zu tun haben und wo die spätere Sicht der nämlichen Person als eines Erwachsenen anzunehmen ist« (Bilinkis, 1966, S. 87).

Die in dem jungen Nikolenka aufkommende analytische Neigung ist als ein in einer Autobiographie wirkungsvolles literarisches Verfahren zu betrachten. Der Erzähler läßt das Kind sprechen, läßt die Welt des Kindes erstehen, das er war, aber in dem Augenblick, da er erzählt, nicht mehr ist (Zweers, 1971, S. 60). Das Faszinierende der Darstellung in der Trilogie ist, wie Zweers zeigt, gerade der unvergleichlich

17

kunstvollen Weise zuzuschreiben, in der Tolstoj literarische Verfahren angewandt hat, um die Welt des Kindes vor den Leser zu bringen.

A. F. Zweers hat auf die hervorragende Rolle hingewiesen, die sprachliche Verfahren in der Trilogie spielen; u. a. kommt dem Wechsel der Zeitstufen der Gegenwart und der Vergangenheit besondere Bedeutung zu. Dieser Wechsel bestimmt die Erzähltechnik des Werks. Zweers zeigt in diesem Zusammenhang die Möglichkeit, zwischen mehreren in der Trilogie verwendeten strukturellen Verfahren zu unterscheiden, deren er neun aufzählt (S. 72). Für die Trilogie als Ganzes ist die Erzählung in der Vergangenheit kennzeichnend. Sie herrscht in *Kindheit* vor, ausgenommen das Kapitel 15, das fast ausschließlich in der Zeitstufe der Gegenwart gehalten ist. Es beginnt:

> »O glückliche, glückliche, unwiederbringliche Zeit der Kindheit! Wie sollte man die Erinnerungen an sie nicht lieben, sie nicht zärtlich hüten? Diese Erinnerungen erfrischen und erheben meine Seele und bilden für mich eine Quelle des höchsten Genusses.«

Das Kapitel bringt dann in lyrisch getönter Sprache das Gedenken an die Mutter zum Ausdruck und endet:

> »Hat das Leben wirklich so schwere Spuren in meinem Herzen hinterlassen, daß diese Tränen und dieses Entzücken für immer von mir gewichen sind? Sind mir wirklich nur die Erinnerungen geblieben?«

Das erste Zitat, der Beginn des Kapitels, im Präsens gehalten, ist den vom erwachsenen Erzähler geäußerten allgemeinen Ansichten zuzurechnen, die mit dem Inhalt der Novelle nicht unmittelbar verbunden sind. Wenn im zweiten Zitat, dem Kapitelschluß, die Form der Vergangenheit steht, so ist sie, in diesen Sätzen des älteren Irtenjew, der auch mit dem »von mir« gemeint ist, auf die Zeit zu beziehen, in der die Erzählung verfaßt wurde (Zweers, S. 91, 89).

Die Vergangenheit ist die in erster Linie verwendete Zeitstufe in 16 der 27 Kapitel von *Knabenjahre*. Darin erfährt Nikolenka Gefühle von komplizierter Art, er ist älter geworden. Bemerkenswert sind im übrigen Stellen in der Trilogie, bei denen beide Zeitstufen gebraucht werden und worin die Erfahrung eines Erwachsenen und eines Kindes gleichzeitig vorgebracht werden (Zweers, S. 92).

Ejchenbaum nennt in seinem Buch über den jungen Tolstoj als Besonderheiten der Trilogie mit guten Gründen eine ausgeprägte Detailschilderung, veranlaßt durch die Perspektive des Zehnjährigen, und die Tendenz zur Generalisierung, Verallgemeinerung; beide Verfahren halten sich in *Kindheit* die Waage (S. 60). Dann aber habe der Zwang, der Persönlichkeit Nikolenkas mehr und mehr Aufmerksamkeit zuzuwenden, Tolstoj zur Häufung von Generalisierungen geführt. Somit sei in gewisser Hinsicht *Kindheit* ein in sich geschlossenes Werk, nicht Teil eines Ganzen. Dem wird jedoch nur sehr begrenzt zuzustimmen sein, denn Detailschilderung und Generalisierung dürfen nicht getrennt bewertet werden von den anderen durch Tolstoj gebrauchten literarischen Verfahren (Zweers, S. 39 f.). So ist es gerade die Aufgabe des älteren Irtenjew, sowohl seine Kindheit und Jugend mit Hilfe ins einzelne gehender Beschreibung vergangener Tage heraufzuholen wie auch den Übergang von Details zu Gedanken allgemeiner Art zu finden, ein Übergang, der in der Tat nahtlos vor sich geht.

Tolstoj hat 1903 *Erinnerungen* niedergeschrieben, die sich auf seine Jugendjahre beziehen und einiges Licht auf die Trilogie werfen. Zweifellos wollte er in der letzteren die Geschichte seiner früheren Nachbarn, die den Namen Islenjew trugen, schildern, und gewiß ist hieraus der Familienname Irtenjew zu erklären. Doch ist es bemerkenswert, daß die Hauptgestalten jener *Erinnerungen* in einer Art charakterisiert sind, die sich von jener in *Kindheit* nicht wesentlich unterscheidet, ausgenommen die Figur des Vaters; sich selbst hat Tolstoj in dieser Rückschau von 1903 nicht beschrieben. Das Bild des Vaters von *Kindheit* läßt die Absicht erkennen, die typische Gestalt des Gutsbesitzers jener Generation vorzustellen, die vom 18. ins 19. Jahrhundert übergegangen ist (Tschitscherin, 1977, S. 231).

Über den Einfluß ausländischer Autoren gibt es unterschiedliche Meinungen. Der Dichter selbst erklärt in den *Erinnerungen*, während der Abfassung von *Kindheit* eine starke Einwirkung durch den fiktiven Reisebericht (*Sentimental Journey*) von Sterne und die Erzählungen von Toepffer (*La bibliothèque de mon oncle*) erfahren zu haben. I. V. Tschuprina will den von Ejchenbaum und anderen behaupteten Einfluß von Sterne, Toepffer, Rousseau und Dikkens nicht oder doch nur in geringfügigem Maß gelten lassen. In Anbetracht der Originalität Tolstojs dürfte sie damit richtig urteilen.

Eines der Mittel der Charakterisierung des Nikolenka Irtenjew ist darin zu sehen, daß er gegen seinen älteren Bruder Wolodja, dem er sich unterlegen fühlt, abgehoben wird (Zweers, S. 146, 158). Dies beginnt bereits im ersten Kapitel von *Kindheit* und setzt sich in *Knabenjahre* fort; in Kapitel 5, überschrieben mit »Der ältere Bruder«, heißt es:

> »Er war mir in jeder Beziehung überlegen: beim Spielen, beim Lesen,
> bei Streitigkeiten, beim Auftreten in der Gesellschaft, und dies alles
> entfernte mich von ihm und verursachte mir seelische Leiden, über die
> ich mir keine Rechenschaft geben konnte.«

Das Verhältnis zu Wolodja trägt dazu bei, bestimmte Züge im Wesen des frühreifen Nikolenka – Empfindsamkeit und Hang zu grübelnder Betrachtung seiner selbst und der ihn umgebenden Personen – zu verstärken. Auch Kapitel 20 der Knabenjahre ist Wolodja gewidmet. Im 14. Kapitel der *Jünglingszeit*, »Womit sich Wolodja und Dubkow beschäftigten«, wird berichtet, daß Nikolenka zu seiner Überraschung eine Neigung des Bruders zum Kartenspiel bemerkt. Eine Gegenfigur zu Wolodja wird in dem Studenten Fürst Dmitrij Nechljudow skizziert. Die *Knabenjahre* enden im 27. Kapitel mit Worten, die aus der Sicht des erwachsenen Erzählers Irtenjew gesprochen und auf das unter Nechljudows Einwirkung in dem Knaben sich herausbildende Ideal ständiger Vervollkommnung bezogen sind:

»Im übrigen weiß Gott allein, ob diese hochgespannten Jugendträume wirklich so lächerlich waren und wer daran schuld war, daß sie sich nicht verwirklichten.«

Mit Nechljudow tritt eine Gestalt hervor, deren Name in weiteren Werken, zuletzt in *Auferstehung*, jeweils der Hauptfigur gegeben wird und für die stets eine idealistische Gesinnung und ein, nicht immer erfolgreiches, Widerstreben gegen die Kräfte der Umwelt kennzeichnend sind.

II

Erzählungen aus dem Kaukasus – der Krieg und die Tapferkeit werden Themen: *Der Überfall*; *Der Holzschlag*. Verfremdung mit spezifischen Stilelementen verbunden: *Aufzeichnungen eines Markörs*

Noch in der Zeit, da Tolstoj *Kindheit* schrieb, faßte er neue
literarische Pläne. Unter ihnen findet sich ein »Brief aus dem
Kaukasus«, im Mai 1852 begonnen und im November als
»Beschreibung des Krieges« beendet: die Erzählung *Der
Überfall*. Der Kaukasus war neben der Ukraine bereits Jahrzehnte zuvor als fernes, sozusagen exotisches Land zu
einem der poetischen Gefilde der russischen Literatur geworden (vgl. O. Somov, O romantičeskoj poèzii, Über die
romantische Dichtung, 1823). Immer wieder wurde er zum
Ort der Handlung von Poemen, Erzählungen und Romanen
gewählt. Bezeichnend für viele von ihnen war ein gespann-
ter lyrischer Stil, eine effektvolle Sprache. Ihnen wurden in
den fünfziger Jahren Skizzen und »Aufzeichnungen« entge-
gengesetzt, die eher eine Art von Korrespondenz im Sinn
von Berichterstattung waren. Die Abkehr von der langen
Tradition jener Belletristik wird ausdrücklich betont, so von
Leutnant Rosenkranz im *Überfall*. Der Untertitel, *Erzählung eines Freiwilligen*, besagt bereits, wer der Erzähler ist.
In einer Notiz vermerkt Tolstoj dazu, er habe einen Freiwilligen gewählt, »um den Blick von der Seite her zu motivieren
– das Recht auf nichtprofessionell-militärische ›Generalisierungen‹ bezüglich der Tapferkeit, des Sinns des Krieges
u. a., wie auch auf die Einzelheiten, die Schilderung des Ne-
bensächlichen« (meločnost', Ejchenbaum, 1928, S. 140 f.).
  Darin liegt der Hinweis auf ein Verfahren, das für eine
Reihe von Tolstojs Werken bedeutsam werden sollte, die
Verfremdung (ostranenie). Ein Freiwilliger, also nicht ein
vom Beruf her zum Stand der Militärs Gehörender, urteilt,
»von der Seite her«, über militärische Angelegenheiten. Das
Urteil wird anders lauten als aus dem Mund des Berufssol-

daten, und darin liegen der ästhetische Reiz und die mora-
lisch-erzieherischen Möglichkeiten.

Zunächst wird in einem Gespräch des Ich-Erzählers mit
Hauptmann Chlopow die Frage nach dem Wesen der Tapferkeit gestellt, und der Erzähler versäumt nicht, die Autorität Platons in dieser Sache heranzuziehen. Die Quelle dürfte
Platons Dialog *Laches* oder aber *Protagoras* gewesen sein,
vielleicht waren es beide. Wenn dann das »Unternehmen«,
wie man den Titel statt »Überfall« auch übersetzen könnte,
das zum Gefecht führt, geschildert wird, geschieht dies
durch einen Erzähler, der ständig Offiziere und Soldaten
daraufhin beobachtet, ob und wie sich das Wesen der Tapferkeit bei ihnen äußert. Der Sturm auf den Aul (kaukasi-
sches Bergdorf) etwa veranlaßt den Freiwilligen zu der Bemerkung:

> »Es war ein wirklich großartiges Schauspiel. Nur eines verdarb mir,
> dem an der Handlung Unbeteiligten und solcher Vorgänge Unge-
> wohnten, den Eindruck vollständig – es war, daß mir dieser Vorstoß,
> diese Begeisterung, dieses Geschrei überflüssig erschienen.«

Tapfer im wahren Sinn des Wortes ist der Hauptmann –
»tapfer ist, wer sich so aufführt, wie es sich geziemt« ist seine erste Reaktion auf die Frage des Erzählers –, tollkühn da-
gegen ist der Fähnrich Alanin, der das Gefecht nicht überlebt. In der Erzählung fehlt zwar eine eigentliche Fabel,
nicht aber ein Thema. Das Thema ist die Tapferkeit, namentlich die kriegerische.

Auch die Erzählung *Der Holzschlag* (1853) bringt Szenen
aus dem Leben russischer Offiziere und Soldaten während
militärischer Aktionen gegen Bergvölker im Kaukasus. Ein
im Lauf eines Tages durchgeführter Holzschlag, das heißt
das Roden bewaldeter Flächen gegen mehr oder weniger
Widerstand um taktischer Vorteile willen, gibt den äußeren
Rahmen. Das Wesentliche aber ist die Charakterzeichnung
von Gestalten der kämpfenden Truppe. Der Ich-Erzähler,
als Fahnenjunker in militärischen Dingen noch wenig erfahren, glaubt, bei den Soldaten in Rußland das Vorhandensein

bestimmter Typen feststellen zu können, die selbst jeweils differenziert sind, und auf dieser Grundlage schildert er Welentschuk und fünf weitere Artilleristen. Daß unter ihnen Shdanow herausragt, wird vom Moralischen her glaubhaft gemacht. Unter den Offizieren ist es Bolchow, dem es zufällt, in nüchternen Worten den Nebel romantischer, von der traditionellen Literatur gepflegter Vorstellungen zu zerstreuen:

>»Warum sind Sie in den Kaukasus gegangen<, fragte ich, >wenn Ihnen der Kaukasus so wenig gefällt?<
>Wissen Sie warum?< antwortete er mit entschlossener Offenheit, >aus Tradition. In Rußland besteht doch die merkwürdige Überlieferung, daß der Kaukasus das Gelobte Land für unglückliche Menschen aller Art sei.<
>Es ist was Wahres daran<, sagte ich, >der größte Teil von uns...<
>Aber das Beste von allem ist<, unterbrach er mich, >daß wir alle, die wir aus Überlieferung in den Kaukasus gehen, uns furchtbar in unseren Erwartungen täuschen, und ich kann absolut nicht verstehen, warum man aus unglücklicher Liebe oder zerrütteter Geschäfte wegen eher im Kaukasus Dienste nehmen soll als in Kasan oder Kaluga<.«

Die Dialoge dienen zur Charakterisierung, nicht zur Fortführung der Handlung. Es werden Kontraste sichtbar zwischen den einzelnen, aber auch zwischen den Offizieren einerseits und den Soldaten andererseits. Und noch aus der tödlichen Verwundung im Gefecht erwachsen für den beobachtenden Erzähler neue Züge im Bild des Getroffenen, nämlich aus der Art, wie er den Tod annimmt.

In einem am 14. Juni 1853 an I. I. Panajew gerichteten Brief Tolstojs, in dem er die Übersendung von *Holzschlag* ankündigt, heißt es: »Wenn Turgenjew in Petersburg ist, so bitten Sie ihn um die Erlaubnis, bei der Abhandlung *Erzählung eines Junkers* (dies ist der Untertitel, Anm. d. Verf.) den Zusatz anzubringen: I. Turgenjew gewidmet. Dieser Gedanke kam mir, weil ich, als ich die Abhandlung nochmals durchlas, darin viel an unbeabsichtigter Nachahmung seiner Erzählungen fand.« Während in Turgenjews *Aufzeichnungen eines Jägers* (1852) Bauern in ihren ausgeprägten Charaktereigenschaften vorgeführt werden, geschieht dies im *Holzschlag* mit einigen wenigen Offizieren und mit einzelnen aus der Mannschaft; das wahrhaft tapfere Verhalten der letzteren ist aus der Sicht des Erzählers kennzeichnend für den russischen Soldaten überhaupt.

Erzähltechnisch neu ist in den *Aufzeichnungen eines Markörs* (1855), daß darin das Verfahren der Verfremdung mit spezifischen Stilelementen verbunden ist. Der Markör ist gegenüber den »Herren«, die er beim Billardspiel bedient, ein Außenseiter. Sie stellen für ihn eine fremde Welt dar, er versteht sie nicht, wenn sie französisch sprechen; Wichtiges entgeht ihm. Aber nicht nur, was er erzählt, ist bedeutsam, sondern auch wie er es berichtet, nämlich in einer der Rede unterer Volksschichten angenäherten Sprache. Für eine solche Erzählweise verwendet die russische Literaturkritik den kaum übersetzbaren Terminus »skaz«.

Der Markör gerät mehr und mehr in Verwunderung über das Verhalten eines neu angekommenen jungen Mannes namens Nechljudow, der, offenbar wohlhabend, im Kreis der Billardspieler sich an die Leidenschaft des Spiels verliert, sogar das Spiel mit dem Markör nicht verschmäht. Aus reichem, vornehmem Haus stammend, geht Nechljudow wegen seiner Gutmütigkeit und Haltlosigkeit zugrunde. Er endet von eigener Hand, hinterläßt einen Brief, der im Gegensatz zur volkstümlichen Redeweise des Markörs in der Hochsprache gehalten ist und in dem er sich selbst anklagt. Der Brief beginnt:

»Gott hat mir alles gegeben, was ein Mensch sich wünschen kann: Reichtum, einen guten Namen, Verstand, edle Bestrebungen. Ich wollte genießen und habe alles, was gut in mir ist, in den Schmutz getreten.
Ich bin nicht ehrlos, nicht unglücklich geworden, habe keinerlei Verbrechen begangen; aber ich habe Schlimmeres vollbracht: ich habe meine Gefühle getötet, meinen Verstand, meine Jugend.«

III

Ins Literarische gehobene Kriegsberichterstattung: *Sewasto-pol im Dezember*; *Sewastopol im Mai*; *Sewastopol im August 1855*; ein stark differenziertes Stilgefüge sowie das Thema der von der Gesellschaft gebilligten Lebenslüge in der zweiten, die Andeutung des familiären Elements in der dritten Erzählung. Wirklichkeit und Traumbild im Wechsel: *Der Schneesturm*

Eine stilistische Eigenheit fällt auch in der ersten und kürzesten der drei sogenannten Sewastopoler Erzählungen auf, die, unter dem Titel »Sewastopol bei Tag und Nacht« geplant, als *Sewastopol im Dezember* (gemeint ist der Dezember 1854) 1855 veröffentlicht wurde. Zu Beginn wird ein farbenreiches Bild der Landschaft um Sewastopol gebracht, deren morgendliche Stille nur selten durch Schüsse gestört wird. Dieselbe feierliche Ruhe geht von den letzten Sätzen der Erzählung aus, in denen die Atmosphäre der Umgebung und das Meer am frühen Abend beschrieben werden. Innerhalb dieses Rahmens entwirft der Ich-Erzähler im Stil einer ins Literarische gehobenen Kriegsberichterstattung ein kontrastreiches Gemälde des Lebens in der Stadt und in den Festungsanlagen. Er führt gleichsam seine Zuhörer an viele Orte des städtischen Geländes, stellt Fragen an Zivilisten und Militärs und schreckt vor naturalistischer Schilderung nicht zurück, wenn es um die Leiden der Verwundeten geht. Er stellt sich selbst aber an keiner Stelle als Teilnehmer an der Verteidigung der Festung heraus. Der Leser wird zum Augenzeugen, es wird ihm eindringlich vorgeführt, was er, wäre er 1854 dort gewesen, gesehen hätte. So heißt es beim Hinweis auf die Gefahrenzone um die weithin bekannt gewordene vierte Bastion:

> »Nur eines fürchte ich: wenn ihr euch aus der Schießscharte hinaus-beugt, um den Feind zu betrachten, werdet ihr unter dem Einfluß der pfeifenden Kugeln nichts sehen, und wenn ihr doch etwas seht, werdet ihr bald erstaunt sein, daß dieser weiße Steinwall in allernächster Nä-

26

he, über dem weiße Rauchwölkchen aufsteigen, daß dieser weiße Steinwall der Feind sein soll – *er,* wie die Soldaten und Matrosen sagen.«

Bei allem Realismus von Bildern, die die Schrecken des Krieges veranschaulichen, herrscht ein auf vaterländischer Gesinnung gründender Ton der Zuversicht vor, wird in dem Geschehen um die Verteidigung Sewastopols ein Sinn gesehen:

>»Das wesentlichste und erhabenste Gefühl, das wir davontrugen, ist die Überzeugung, daß es unmöglich ist, Sewastopol zu nehmen, und nicht nur Sewastopol zu nehmen, sondern auch – wo immer es sei – die Kraft des russischen Volkes zu erschüttern.«

In *Sewastopol im Mai* (1855) findet sich, darüber hat Ejchenbaum Treffendes gesagt, bereits ein differenziertes Stilgefüge, indem der Erzähler nicht mehr gleichsam Fremdenführer, sondern ein die Möglichkeiten rhetorischer Ausdrucksweise nutzender Redner ist. Das erste der sechzehn Kapitel ist durch einen deklamatorischen Stil gekennzeichnet; die zum Teil überlangen Sätze sind in einer feierlich getragenen Sprache abgefaßt, die das Kapitel vom folgenden berichtenden Text großenteils fiktiven Inhalts abhebt. Es beginnt:

>»Sechs Monate sind nun schon vergangen, seit die erste Kanonenkugel von den Bastionen Sewastopols abgeschossen wurde und die Erde in den Befestigungen des Feindes aufgewühlt hat, und seit jener Zeit sind Tausende von Bomben, Granaten und Kugeln ohne Unterlaß von den Bastionen in die Laufgräben und von den Laufgräben in die Bastionen geflogen, und es schwebt der Engel des Todes beständig über ihnen. Tausendmal hat sich menschlicher Ehrgeiz gekränkt gefühlt, tausendmal ist er befriedigt, gesättigt worden, tausendmal hat er in den Armen des Todes Ruhe gefunden.«

Angesichts der Stimmung des Vertrauens und der Hoffnung, die sich in der ersten Skizze geltend machte, überrascht es, in der zweiten am Ende des ersten Kapitels zu vernehmen, daß der Krieg entweder nur Wahnsinn sei oder daß die Menschen, wenn sie diesen Wahnsinn begehen, nicht als vernünftige Geschöpfe anzusehen seien.

Von den zwei Tagen in der belagerten Stadt, über die dann in einzelnen an verschiedenen Plätzen sich abspielenden Szenen berichtet wird, ist dem ersten größerer Raum gegeben (Kapitel 2–13). Die Stilelemente des ersten Kapitels werden, bei Verstärkung der rhetorischen Mittel, in Kapitel 14 wiederholt, welches beide Tage voneinander trennt; das Geschehen des zweiten Tages klingt an dessen Abend aus, es besteht Waffenstillstand. Ein weiterer Kommentar des Ich-Erzählers, und damit ein abschließender Rahmen, bilden den Schluß.

Der an der Handlung nicht beteiligte Erzähler ist »allwissend«, ist auktorialer Ich-Erzähler. Der Stilwechsel erweist sich hier als äußerst wirkungsvolles Verfahren; in dem in die umrahmenden Kommentare eingefügten fiktiven Erzähltext wird an Beispielen bestätigend vorgeführt, wovon der Kommentar lakonisch spricht: die Sinnlosigkeit des mit dem Krieg heraufbeschworenen Geschehens und die Rolle, die dabei dem Ehrgeiz zuzuschreiben ist, freilich nur soweit er auf hergebrachten, unangemessenen Denk- und Handlungsweisen der Gesellschaft beruht. An einer Reihe von Personen wird in inneren Monologen und in Dialogen das unwürdige Verhalten höherer Offiziere gegen Frontoffiziere, ein vom Klischeedenken bestimmtes Benehmen gegenüber unteren Offiziersgraden und verwundeten Soldaten sichtbar gemacht. Es werden verfremdete Situationen gebracht, etwa wenn der Stabshauptmann Michajlow, der sich verloren gibt, überlebt, während der Offizier Praskuchin, schwer getroffen, aber das nahe Ende nicht ahnend, sein Leben verliert.

Zum ersten Mal geht Tolstoj in *Sewastopol im Mai* auf ein Thema ein, das in seinem künstlerischen und publizistischen Werk zentrale Bedeutung gewinnen sollte: die durch Anpassung an die Gesellschaft hervorgerufene und von ihr gebilligte Lebenslüge (Scheffler, 1974, S. 84). Wenn aber im Schlußkommentar nach dem Spiegelbild des Bösen, das man meiden soll, und des Guten in dieser Erzählung, dem man nacheifern soll, gefragt, und wenn geantwortet wird, es gebe

28

darin keinen Bösewicht und keinen Helden, »der Held meiner Erzählung…ist die Wahrheit«, so möchte der Erzähler damit zweifellos an die Schablone der romantischen Erzählung mit ihren strahlenden Heldengestalten und ihrer Personifizierung des Guten und Bösen erinnern.

Am 27. August ist Sewastopol gefallen. *Sewastopol im August 1855* (1856) hat Tolstoj erst nach dem Ende des Krieges in Petersburg abgeschlossen. Es ist mit 27 Kapiteln die umfangreichste der drei Skizzen, sie ist auf die letzten drei Tage der Belagerung bezogen. Der Rahmenkommentar der zweiten Erzählung fehlt; gleichwohl gibt es Kommentare des Erzählers. Was dargestellt wird, ist im wesentlichen auf das Erleben zweier junger Offiziere, der Brüder Michail, des älteren, und Wolodja Koselzow begrenzt, aus ihrer Sicht gesehen und beurteilt. Im fünften Kapitel wird ihre Begegnung geschildert, im elften ihre Trennung vor dem Gefecht. Mit dem Satz »Weiter wurde bei diesem letzten Abschied der beiden Brüder nichts gesprochen« endet das Kapitel, mit einer unbestimmten Vorausdeutung; eine solche ist auch in Wolodjas Traum (Kapitel 8) enthalten, beide Brüder fallen.

Besonders eindringlich wird das Innenleben Wolodjas vorgeführt; es wird in direkter Rede, in innerem Monolog und in erlebter Rede beschrieben; Wolodjas Gedanken scheinen, wie vor allem der Schluß von Kapitel 14 zeigt, bisweilen dem Erzählerkommentar so nahe zu sein, daß sie in ihn einmünden. So wird das in leicht archaisierendem Stil verfaßte hymnenartige Gebet, eine der zentralen Stellen des Werkes, schwerlich dem Erzähler zuzurechnen sein:

> »Großer Gott! Nur du allein hörst und kennst jene schlichten, aber heißen und verzweifelten Gebete der Einfalt, wirren Reue und Hoffnung, die zu dir aufsteigen von diesem furchtbaren Ort des Todes…«

Einen ähnlichen, kaum wahrnehmbaren Übergang bringt das Ende des 15. Kapitels; dort sind Gedanken und Gefühle Michails der Ausgangspunkt. Mit den beiden Kapitelschlüssen tritt übrigens ein Parallelismus als Bauelement der Erzählung besonders deutlich hervor. Auch hier fehlt nicht das Mittel der Verfremdungssituation; sie erscheint im Verlauf der Beziehung des Junkers Wlang zu Wolodja. Wlang, der nicht von der Seite Wolodjas weicht, wird in dessen Augen zum Feigling, tut aber, im tobenden Kampf umzingelt, das allein Richtige, er flieht zu seinem Truppenteil; Wolodja hört nicht auf seinen beschwörenden Ruf und wird getötet, sinnloserweise, wie zwischen den Zeilen zu lesen ist. Mit Wlangs Verhalten wird eine andere Auffassung von Tapferkeit vorgeführt als jene, von der sich die beiden Brüder leiten lassen.

Das letzte Kapitel zeigt die gemäß dem Befehl der Obrigkeit kampflos vor sich gehende Räumung der Stadt, deren Befestigungsanlagen zerstört und verödet sind. Im Bericht des Erzählers drückt sich die Trauer über den Fall der Festung aus, es wird von der maßlosen Bitterkeit gesprochen, die fast jeden Soldaten beim Blick auf das verlassene Sewastopol ergriffen habe.

Die Erzählung *Der Schneesturm* (1856) wurde durch eigenes Erleben während einer nächtlichen Irrfahrt in der Steppe angeregt. Sie bedeutet in ihrer Autobiographik eine Rückwendung zu *Kindheit*; in der Erzählweise zeigt sie Ähnlichkeit mit der *Geschichte des gestrigen Tages* (Ejchenbaum, 1928, S. 243 f.). Anders als etwa in Puschkins Novelle *Der Schneesturm* fehlt eine eigentliche Fabel; viele Fakten werden mit Traumerscheinungen verflochten, die wiederum Bilder eigener Erlebnisse mit sich bringen. Ist der Ich-Erzähler im wachen Zustand, ergeht er sich nicht nur in der Schilderung des elementaren Naturereignisses, sondern auch in der Charakterisierung der an der Irrfahrt Beteiligten.

Das ästhetisch Reizvolle dieser Erzählung aber ist vor allem die Art, wie Wirklichkeit und Traum einander gegenübergestellt werden. Das sechste der elf Kapitel beginnt mit den Worten »Erinnerungen und Vorstellungen wechselten mit gesteigerter Schnelligkeit in meiner Phantasie«. Im weiteren wird das Traumbild einer Handlung gezeigt, die sich im gleißenden Licht der Sonne, in lieblicher sommerlicher Landschaft bei Anwesenheit einer großen Zahl von Menschen abspielt; das Ganze ist freilich kein Idyll, es wird vom Bild des Todes überschattet: ein Bauer ertrinkt. In einem stärker nicht vorstellbaren Gegensatz stehen der tosende Schneesturm, die schneidende nächtliche Kälte, die Verlassenheit der in der Schneewüste vom Tod durch Erfrieren bedrohten Menschen: die Kontrastsituation als wirkungsreiches Kunstmittel.

IV

Das Problem der Generation: *Zwei Husaren*. Die Bauernfrage und das Motiv des reuigen Adligen: *Der Morgen eines
Gutsbesitzers*. Ein Ansatz zur späten sozialrevolutionären
Publizistik: *Aus den Aufzeichnungen des Fürsten D. Nechljudow*. *Luzern*

In der Erzählung *Zwei Husaren* (1856) werden zwei bis zu
einem gewissen Grad selbständige Geschichten aneinander-
gefügt, so daß sie wie ein Vergleich wirken. Was sie scheinbar nur lose, nur äußerlich miteinander verbindet, ist der
Umstand, daß die erste (Kapitel 1–8) mit dem jungen Husarenoffizier Graf Turbin als Hauptfigur den Vater der 20 Jahre später auftretenden Hauptperson der zweiten Geschichte
einführt, die ebenfalls Husarenoffizier ist.

Eine Besonderheit stellt die im Verhältnis zum Umfang
der Erzählung sehr lange Einführung dar; sie erinnert an den
ersten Erzählerkommentar der zweiten Sewastopoler Skizze, wenn sie auch nicht, wie dieser, im Ton des Mahners und
Predigers, sondern in dem eines leicht ironisierenden Berichts über vergangene Zeiten gehalten ist. Sie besteht, trotz
ihrer Länge, aus einer einzigen Periode und verlangt gewissermaßen, in einem Zug gelesen zu werden. Der Anfang und
das Ende lauten:

>»Um das Jahr 1800, in jenen Zeiten, da es noch keine Eisenbahnen,
>keine Chausseen, keine Gasbeleuchtung, keine Stearinkerzen, keine
>niedrigen Sprungfedersofas, keine unlackierten Möbel, keine ent-
>täuschten Jünglinge mit Monokel, keine freidenkenden philosophie-
>renden Frauen und keine süßen Kameliendamen gab, an denen unsere
>Zeit so reich ist – in jenen Zeiten, da man von Moskau nach Petersburg
>im Reisewagen oder in einer Kutsche reiste … in jenen Zeiten fand in
>der Gouvernementsstadt K. eine Zusammenkunft der Gutsbesitzer
>statt und gingen die Adelswahlen zu Ende.«

Von der Bedeutung dieses Satzgefüges wird bei der Betrachtung des Fragments *Die Dekabristen* noch einmal gesprochen werden.

Der Erzähler stellt Turbin, einen Teilnehmer am Krieg des Jahres 1812, als echten Vertreter jener Generation vor, die er im einführenden Kommentar samt ihrem altertümlichen Milieu nicht ohne Sympathie beschreibt. Als Charaktereigenschaften des Husaren treten seine Derbheit, ja Rohheit auf der einen Seite, auf der andern seine Offenheit und Ehrlichkeit sowie im Falle der größten Not seines Kameraden Iljin auch zupackende Hilfsbereitschaft hervor; vor allem aber ist er von einer Lebensfreude, die ihn zum Streben nach Genuß bis zum Exzeß verleiten kann. Der Ball der Adelsgesellschaft, das wilde Zechgelage bei den Zigeunern, das erotische Abenteuer mit der schönen, einfältigen Witwe Anna Fjodorowna, all dies spielt sich fast ausschließlich an einem Tag und in der darauf folgenden Nacht ab, und mit der Figur des Ulanenkornetts Iljin wird der thematische Zug des zur Leidenschaft gewordenen Spiels in die Erzählung aufgenommen:

>»Der dichte Nebel der Spielerleidenschaft verhüllte alle seine seelischen Fähigkeiten, er empfand nicht einmal Reue« (Kapitel 7).

Nach einer Reflexion über zwanzig vergangene Jahre kommt der Erzähler auf den Sohn des bereits verstorbenen Grafen Turbin zu sprechen, der, gleichfalls Husarenoffizier, im Mai 1848 mit seiner Schwadron in einem Anna Fjodorowna gehörenden Dorf nahe der Gouvernementsstadt K. Quartier nehmen muß. Die Witwe lebt dort mit ihrer Tochter Lisa, deren Heranwachsen ohne Erziehung im üblichen Sinn »zu einer tätigen, gutmütig-heiteren, selbständigen, reinen und tiefreligiösen Frau« nach einem pädagogischen Ideal vermerkt ist, das auf Pestalozzi zurückgeführt werden könnte. Turbins Ähnlichkeit mit dem Vater ist nur äußerlich; die Charakterzüge, die während seines Aufenthalts auf dem Gutshof im Lauf weniger Stunden eines Tages und der folgenden Nacht zutage treten, sind nicht die seines Vaters. Es fehlt ihm an Takt, an Ritterlichkeit, statt der Mannhaftigkeit des Vaters läßt er – bei dem Versuch eines Abenteuers mit Lisa – Feigheit erkennen. Der ältere Turbin gewinnt Iljin mit seiner kühnen rettenden Tat zum Freund, der jüngere stößt den Kameraden Polosow ab, der sich daraufhin von seinem Einfluß löst. Die scheinbar lose Verknüpfung der beiden Geschichten erweist sich als eine enge, innere: der Sohn wird vor dem Hintergrund des Bildes seines Vaters gesehen, bis in Einzelheiten. So wird trotz des schmähenden Wortes von Polosow das Duell zwischen den beiden vermieden; Turbins Vater hingegen ist im Duell gefallen.

Mit der Gestalt des »Landfräuleins« Lisa, deren inneres Erleben und Reifen in jenen Stunden gezeigt wird, sind Anregungen von Rousseau ausgedrückt, den Tolstoj zeit seines Lebens verehrt hat. Sie schöpft ihre Lebenskraft aus der Natur und wird sich dessen bewußt:

> »Das Landfräulein öffnete die Augen. Ihre ganze Seele belebte sich mit neuem Entzücken über diese geheimnisvolle Vereinigung mit der Natur, die sich so ruhig und licht vor ihr ausbreitete.«

Die oben (S. 16) erwähnte Bemerkung im Tagebuch vom 30. November 1852, der »Roman eines russischen Gutsbesitzers« werde, anders als die Jugenderinnerungen, dogmatisch sein, läßt darauf schließen, daß in diesem Werk das ethische Moment stärker als in der Darstellung einiger Lebensabschnitte zur Geltung kommen sollte. Tolstoj ergänzt mit seiner Bemerkung die Notiz vom 19. Oktober, in der es heißt:

> »Grundgedanken des Romans eines russischen Gutsbesitzers. Der Held sucht die Erfüllung seines Ideals von Glück und Gerechtigkeit im Landleben. Er findet es nicht, ist enttäuscht und will sie in der Familie suchen. Eine Freundin bringt ihn auf den Gedanken, daß das Glück nicht in einem Ideal besteht, sondern in ständiger, lebenslanger Arbeit, die das Glück anderer zum Ziel hat.«

Der geplante Roman blieb ein Fragment, 1856 wurde er als *Der Morgen eines Gutsbesitzers* gedruckt. Das erste der zwanzig Kapitel besteht aus zwei Briefen und kurzen Kommentaren des Erzählers. Im ersten wendet sich Fürst Dmitrij Nechljudow, ein neunzehnjähriger Student, an seine von ihm hochgeschätzte Tante, um seinen Entschluß zu erklären und zu rechtfertigen, sich längere Zeit in seinem Dorf aufzuhalten; der zweite Brief enthält ihre Antwort. Mit der Angabe, er bringe die Briefe in der Übersetzung aus dem französischen Original, liefert der Erzähler eine Begründung dafür, daß sie als hochsprachliche Texte stilistisch von dem darauf folgenden Bericht abgehoben werden. Nechljudow fühlt sich verpflichtet, die beklagenswerte Lage der Bauern zu verbessern, und will sich daher ganz dem Leben im Dorf widmen. In dem Brief heißt es unter anderem:

>Ist es nicht meine heilige und unmittelbare Pflicht, für das Glück dieser siebenhundert Menschen zu sorgen, für die ich Gott werde Rechenschaft ablegen müssen? Wäre es nicht Sünde, sie der Willkür roher Dorfältester und Verwalter zu überlassen um des Lebensgenusses und des Ehrgeizes willen? Und warum sollte ich in einer andern Sphäre Gelegenheit suchen, nützlich zu sein und Gutes zu tun, wenn sich mir eine so vornehme, schöne und naheliegende Pflicht eröffnet?<

Die Tante rät ihm aus der Erfahrung des Alters ab, die gebahnten Wege zum Erfolg zu verschmähen, seine Pflichten gegenüber der Gesellschaft, den Verwandten und sich selbst zu vergessen. Nechljudow bleibt im Dorf.

Die Handlung setzt ein, nachdem der junge Gutsbesitzer ein Jahr lang eingehend die sich aus der Bewirtschaftung ergebenden Aufgaben studiert hat, und sie umfaßt die Zeitspanne eines Sonntagmorgens im Juni. Die Besuche bei vier seiner Bauern, drei armen und einem reichen, bringen für ihn nur Enttäuschung und Ratlosigkeit; er findet nicht die Sprache, die im Umgang mit ihnen angemessen wäre und sie für seine wohlgemeinten Pläne gewinnen könnte. Das 18. der 20 Kapitel wird nur von ihm gesprochen, zuerst im inneren Monolog, dann in erlebter Rede. In seiner Erinnerung tauchen die Stunden auf, da er, ein Jahr zuvor, in freudiger Erwartung seine Träume von einer glücklichen Zukunft der Verwirklichung nahe wähnte. Schließlich fließen in seiner Phantasie, unmittelbar bevor das Fragment abbricht, traumhafte, durch den Besuch bei den Bauern hervorgerufene Vorstellungen und Bilder aus der Vergangenheit und Zukunft ineinander.

In diese Erzählung ist ein Motiv verwoben, das aus der Geschichte Rußlands zu erklären ist und im 19. Jahrhundert von russischen Schriftstellern immer wieder aufgegriffen wurde, das Motiv des reuigen Adligen. Angesichts der tiefen Kluft zwischen den unteren Volksschichten, vor allem der Masse der Bauernschaft, und dem privilegierten Adel empfindet der Adlige ein Gefühl persönlicher Schuld. Das Motiv ist meist mit einer offenen oder verdeckten Kritik an der Leibeigenschaft verbunden. Es klingt an, um einige Beispiele zu nennen, in Puschkins Gedicht *Das Dorf* (Derevnja, 1819), in Nekrasows Gedicht *Das vergessene Dorf* (Zabytaja derevnja, 1855) und noch in Tschechows Schauspiel *Der Kirschgarten* (1904), und zwar unter anderem in Sätzen des Studenten Trofimow gegen Ende des 2. Aktes.

Nechljudow weiß zwar schon vor den geschilderten Gesprächen mit den Bauern, daß viele von ihnen äußerste Not leiden, erschrickt jedoch stets von neuem, so daß ihm,

»wenn sie ihm jemand lebendig und greifbar in Erinnerung brachte, wie zum Beispiel jetzt, unerträglich schwer und traurig ums Herz wurde, als quälte ihn die Erinnerung an irgendein begangenes ungesühntes Verbrechen« (Kapitel 4). »Wiederum empfand Nechljudow ein Gefühl der Beschämung oder Gewissensbisse« (Kapitel 5).

In dem Fragment haben sich Gedanken niedergeschlagen, die sich mit der Aufhebung der Leibeigenschaft beschäftigen; diese Frage bekam nach dem Krimkrieg noch stärkeres Gewicht. Tolstoj selbst hat als Gutsbesitzer an dem mit wirtschaftlichen Nöten und politischen Interessen des Adels verflochtenen Problem der Fron- und Zinspflicht der Bauern lebhaften Anteil genommen. Die Leibeigenschaft wurde am 19. Februar 1861 durch Gesetz aufgehoben.

Eine neue Thematik, verbunden mit einem von ihm hierbei zum erstenmal verwendeten Genre, bringt Tolstoj in der Erzählung *Aus den Aufzeichnungen des Fürsten D. Nechlju-*

dow. Luzern (1857) vor. Sie steht im Zusammenhang mit seiner ersten Auslandsreise, die ihn, von Januar bis Ende Juli 1857, nach Paris, in die Schweiz und nach Deutschland führte. In einem Brief an V. P. Botkin vom 21. Juni 1857 teilt er mit, daß auf ihn in Luzern ein Erlebnis einen starken Eindruck gemacht habe, über das sich schriftlich zu äußern er als notwendig empfunden habe. Und unter dem 25. Juni bringt das Tagebuch eine kurze Notiz über das Geschehene.

Der Ich-Erzähler ist an der Handlung beteiligt. Er gibt zunächst eine Beschreibung des Ortes, wobei die von Menschenhand geschaffene schnurgerade Seepromenade in einen Gegensatz zu der majestätischen, wilden und zugleich harmonischen Natur gestellt wird. Das abendliche Mahl im Hotel Schweizer Hof wird ironisierend geschildert, das Schweigen der vorwiegend englischen Gäste als Fehlen von Mitteilsamkeit, ja als seelische Kälte gedeutet. Die in dem Erzähler aufgekommene Müdigkeit und Gleichgültigkeit wird durch die Lieder eines wandernden Tiroler Sängers in ein Bedürfnis nach Liebe, in Lebensfreude umgewandelt. Daß kein einziger der anwesenden reichen Hotelgäste eine Spende für den dargebotenen Gesang in den Hut des Sängers wirft, veranlaßt den gleichfalls als Gast anwesenden Erzähler, den kleinen, unscheinbaren Mann ins Hotel zu führen und, von den Kellnern spöttisch beobachtet, ihn zu bewirten, was Gelegenheit bietet, ihn näher kennenzulernen und nach seiner Auffassung von Kunst zu fragen. Durch das Geschehene aufs höchste erregt, fragt der Erzähler dann in Gedanken, im inneren Monolog, nach den Geschicken der Poesie in der Gesellschaft. Er erhebt den Vorwurf:

>»Aber wie konntet ihr, Kinder eines freien menschlichen Volkes, ihr Christen, einfach ihr Menschen, auf einen reinen Genuß, den euch ein armer bettelnder Mensch bereitet hat, mit Kälte und Spott antworten?«

Das Geschehnis, auch gesehen als Verletzung des Grundsatzes der Gleichheit unter den Menschen, wird in wenigen lapidaren Worten erneut vorgebracht und in Sätzen, die einer Anklage gleichkommen, kommentiert:

>Das ist ein Ereignis, das die Geschichtsschreiber unserer Zeit mit unauslöschlicher Flammenschrift aufzeichnen müßten. Dieses Ereignis ist bedeutsamer, ernster und hat einen tieferen Sinn als alle die Tatsachen, die in Zeitungen und Geschichtsbüchern stehen.<

Dem Gastland, der Schweiz, wird vorgehalten: >Eine räudige Republik habt ihr... Das nennt man Gleichheit!<, und der Erzähler findet Worte, die mit der marxistischen Kritik am >Formalismus< der bürgerlichen Demokratie verglichen werden könnten:

>Gleichheit vor dem Gesetz? Ja, spielt sich denn das ganze Leben der Menschheit im Bereich der Gesetze ab? Nur ein Tausendstel des Lebens unterliegt dem Gesetz, der übrige Teil bewegt sich außerhalb desselben, im Bereich der Sitte und der gesellschaftlichen Anschauungen.<

Immer weiter wird der Kreis, in dessen Mittelpunkt der Erzähler das Ereignis gestellt sehen will. Und es erhebt sich für ihn schließlich die Frage, wer denn nun erklären könne, was Freiheit, was Despotismus, was Zivilisation, was Barbarei sei und wo die Grenzen des einen und des andern zu suchen seien. Die Empörung des Suchenden schwindet bei der Besinnung auf den Einen, der uns unfehlbar führt, den >Weltengeist, der uns alle zusammen und jeden einzelnen durchdringt und in jeden das Streben nach dem, was not tut, gelegt hat<.

Die Erzählung weist mit der emotionalen Tönung und mit manchen Gedankengängen auf die sozialrevolutionären Schriften Tolstojs voraus, und als Genrebezeichnung hält Ejchenbaum Manifest, Feuilleton, programmatische Rede für angebracht. *Luzern* steht älteren didaktischen Genres nahe, wie den >Reisen< in der Briefform des 18. Jahrhunderts, zum Beispiel Radischtschews *Reise von Petersburg nach Moskau* (Ejchenbaum, 1928, S. 306, 313). Sofern sich in *Luzern* ein geändertes Verhältnis des Autors zur westlichen Kultur insgesamt abzeichnet, liegen dafür Gründe vor, die er selbst namhaft gemacht hat. Aus einem Brief an Botkin vom 25. März 1857 geht hervor, daß er in Paris zunächst begeistert war vom Reichtum des kulturellen Lebens, den Kunstdenkmälern der Stadt, besonders von der sozialen Freiheit. Nachdem er aber am Morgen des nächsten Tages Zeuge einer öffentlichen Hinrichtung gewesen ist, beendet er den Brief in einer veränderten Stimmung. Er stellt den Gesetzen der Moral und Religion, den Gesetzen der Kunst die politischen Gesetze gegenüber, die für ihn nun Lüge sind. Er reist bald darauf nach Genf und notiert dort am 25. Mai: »Alle Regierungen sind gleich nach dem Maß des Bösen und des Guten – das beste Ideal ist die Anarchie« (Ejchenbaum, 1928, S. 308 f.); in Genf verfaßt er dann *Luzern*.

V

Die Parabel als Gegenstück zur sozialkritischen Zeitschriftenskizze: *Drei Tode*; die Fragen der Ehe, der Stellung der
Frau in der Familie, Nähe zu Turgenjew in der Gestaltung
der weiblichen Hauptfigur: *Familienglück*; Rückwendung
zum Kaukasus, enge Beziehung zu Rousseau in der Darlegung von Bewußtseinsvorgängen der männlichen Hauptperson: *Die Kosaken*

Der kurzen Erzählung *Drei Tode* (1856) kommt unter anderem dadurch Bedeutung zu, daß sie, wie die frühe Fassung
des *Leinwandmessers* aus den sechziger Jahren, eine meta-
phorische Ausdrucksweise zeigt. Im Rahmen einer Parabel
werden Lebewesen zweier Gattungen, Mensch und Pflanze,
im Augenblick ihres Endes einander gegenübergestellt: Ein
Baum, der unter Beilhieben fällt, eine vermögende und ein-
flußreiche adlige Frau und ein armer Postkutscher bäuerli-
cher Herkunft. Der Titel könnte daher frei mit »Drei Arten
des Sterbens« übersetzt werden. Diese dreierlei Weisen des
Todes werden unter dem Gesichtspunkt moralischer Normen betrachtet, und dabei fällt dem Baum die höchste Be-
wertung zu. Dem Leinwandmesser genannten Pferd in der
gleichbetitelten Erzählung werden, wenn es spricht, mit
dem Gebrauch von Verben einer ihm fremden Bedeutungsebene menschliche Tätigkeiten und Gemütsbewegungen im
wahren Sinn des Wortes angedichtet; in *Drei Tode* entspricht dem die Beseelung von Tieren und Pflanzen, die in
Kapitel 4 zu beobachten ist, in Sätzen wie:

> »Der Baum erzitterte am ganzen Leib, neigte sich und richtete sich
> schnell wieder auf, wobei er auf seinem Wurzelstock erschrocken hin
> und her schwankte.«

Der Schlußsatz lautet:

> »Die Vögel lärmten in den Zweigen und zwitscherten weltvergessen
> etwas Glückliches, die saftigen Blätter flüsterten fröhlich und ruhig in

den Wipfeln, und die Zweige der lebenden Bäume rauschten langsam und majestätisch über dem toten, gefällten Baum.«

Der seinerzeit üblichen tendenziösen, sozialkritischen Zeitschriftenskizze wurde damit ein aus dem Evangelium bekanntes Genre belehrender Art gegenübergestellt, die gleichnishafte Erzählung, den zeitlichen Belangen gewissermaßen die Sicht des Allgemeinmenschlichen, des Ewigen (Ejchenbaum, 1928, S. 343 f.). Eine Tagebuchnotiz vom 21. Januar 1858 lautet: »...im Evangelium gelesen, nachgedacht und den ›Baum‹ (gemeint ist *Drei Tode*) umgeschrieben.« In den achtziger Jahren, als er an den Volkserzählungen schrieb, hat sich Tolstoj diesem Genre wieder zugewandt.

Im Jahr 1859 entstand in wenigen Monaten ein größeres Prosawerk, der Roman *Familienglück* (1859 bereits auch gedruckt). Als sich in Rußland in der zweiten Hälfte der fünfziger Jahre das allgemeine Interesse neben anderen gesellschaftlichen Fragen dem Thema der Frau zuwandte, waren es vor allem Probleme der Ehe, der Familie, der Rechte der Frau, die die Aufmerksamkeit auf sich lenkten. Zwar hatte Turgenjew in Erzählungen und Novellen dem Wunsch nach Einbeziehung sozialer Fragen Rechnung getragen; in die aus der Tradition der dreißiger Jahre überkommene Erzählung über die Welt der Vornehmen, die sogenannte mondäne Erzählung (svetskaja povest') hatte er gesellschaftliche Problematik eingeführt. Doch sind seine weiblichen Hauptgestalten vor allem unter dem Aspekt der Geschlechtsliebe gesehen, und die Fragen der Ehe, der Familie und der Beziehung der Gatten zueinander sind kaum berücksichtigt (Ejchenbaum, 1928, S. 345). Neben anderen trat der Schriftsteller A. V. Drushinin für die Emanzipation der Frau ein.

In Frankreich standen die Werke zweier Autoren im Mittelpunkt der Diskussion, *De la Justice dans la Révolution et dans l'Église* (1858) von P.-J. Proudhon und, als Antwort darauf gedacht, *L'Amour* (1858) und *La Femme* (1859) von J. Michelet. Beide sprechen sich gegen die Gleichberechtigung aus und wollen die Institution der Ehe gegenüber der von George Sand verteidigten freien Liebe gewahrt sehen. Von beiden hat Tolstoj Anregungen empfangen.

Familienglück ist in der Form von Aufzeichnungen einer Frau über ihr Leben vom 17. bis zum 21. Lebensjahr verfaßt; es ist in zwei Teile gegliedert, die äußerlich dadurch gekennzeichnet sind, daß die Ich-Erzählerin am Ende des ersten Teils von ihrer Trauung berichtet und im zweiten von ihrem Leben in der Ehe. Das Landgut, auf dem sie als Waise lebt, ist der Obhut des Vormunds, eines benachbarten Gutsbesitzers anvertraut. Sie schildert in den ersten vier Kapiteln das Aufkommen einer sich verstärkenden Neigung zu dem um zwanzig Jahre Älteren, die dieser erwidert. In einer treffenden Beschreibung der psychologischen Situation versteht es die Erzählerin verständlich zu machen, daß es besonders im Altersunterschied und in der dadurch bedingten Verschiedenheit der Lebenserfahrung der beiden begründet war, daß die »weltfremden Träume« des Mädchens von der Liebe einem langsamen Sich-aneinander-Gewöhnen weichen mußten, wobei sie sogar das Mittel der Täuschung gebraucht. Sie glaubt schließlich mit dem Verzicht auf das Eigene ihres geistigen Lebens zur Erfüllung ihres Traums zu gelangen:

»Alle meine damaligen Gedanken, alle damaligen Gefühle waren nicht meine, sondern seine Gedanken und Gefühle, die plötzlich meine wurden, in mein Leben übergingen und es erleuchteten.« »Und jeder Gedanke war sein Gedanke, jedes Gefühl sein Gefühl. Ich wußte damals noch nicht, daß das Liebe war, ich dachte, daß das immer so sein könnte und daß uns dieses Gefühl umsonst zuteil werde« (Kapitel 2).

Wenn sich aber der Vormund kühl und nüchtern gegen die übliche feierliche Liebeserklärung ausspricht, die ihm Selbstbetrug oder, noch schlimmer, Lüge gegenüber anderen bedeutet, wenn hier der Begriff Liebe ironisiert wird, so ist dabei auch Abneigung gegen die literarische Schablone, besonders gegen die Liebesdarstellung der romantischen Erzählung im Spiel. Absage an die Schablone dürfte auch darin zu sehen sein, daß mit der Trauung nicht das Ende der berichteten Geschehnisse erreicht ist, sondern daß im zweiten Teil das Leben des Paares gerafft über einige Jahre hinweg im Hinblick auf das Wesen der Gattenliebe dargestellt ist.

Der Dialog zwischen den beiden, der das Werk abschließt, läßt die junge Frau erkennen, daß jene traumhafte Liebe, jenes rauschhafte Glücksgefühl, von dem sie einmal ergriffen war, nicht wiederkehren kann. Sie faßt die Wendung, die ihr Leben genommen hat, in dem nicht mehr im Dialog gesprochenen Satz zusammen:

»An diesem Tag endete der Roman mit meinem Mann; das alte Gefühl wurde zur kostbaren, unwiederbringlichen Erinnerung, und das neue Gefühl der Liebe zu den Kindern und dem Vater meiner Kinder legte den Grundstein zu einem zweiten, aber völlig andersartigen glücklichen Leben, das ich in diesem Augenblick noch nicht kannte...«

Familienglück enthält eine verdeckte Polemik gegen die Liebesromane von George Sand und die Verteidiger der Frauenemanzipation. Wenn Tolstoj unter anderem die erwähnten Schriften Proudhons und Michelets auf sich einwirken ließ – Proudhon dürfte den Anstoß zur Wahl des Themas, Michelet den Stoff und vielleicht Hilfe beim Bau der Fabel gegeben haben –, so stützte er sich damit, wie in anderen Fällen auch, auf die westliche liberale Publizistik; diese gedachte er gegen jene Gedanken zu verwenden, die in der russischen liberalen Presse zu finden waren und die er nicht billigen konnte (Ejchenbaum, 1928, S. 353 f.). In Rußland hatte der später als einflußreicher Kritiker tätige A. V. Drushinin die literarische Diskussion der Frauenfrage eröffnet; mit dem ersten seiner diesem Thema gewidmeten Romane, *Polinka Sachs* (1843), war er sehr erfolgreich gewesen. Darin wird das Recht der Frau auf die Freiheit ihrer Gefühle betont, und es finden sich sehr auffallende Berührungen mit dem Roman *Jacques* von George Sand.

Im Vergleich mit der Trilogie, den Erzählungen aus dem Kaukasus und den Sewastopoler Skizzen kann *Familienglück* als Abwendung von einem bereits eingeschlagenen

Weg angesehen werden. Zwar werden in dem Roman Auffassungen sichtbar, die Tolstoj zu eigen geblieben sind und spät, noch in *Macht der Finsternis* und *Auferstehung* hervortreten, wie der Gedanke vom verderblichen Einfluß der »großen Welt«, vom Vorzug des ländlichen Lebens gegenüber dem Leben in der Stadt, das Ideal einer patriarchalischen Familienordnung, und die Art, wie das seelische Wachsen und Reifen der Heldin, wie das Gedeihen der familiären Beziehungen dargestellt ist, läßt ein erstaunliches Vermögen des Autors erkennen, sich in die weibliche Psyche einzufühlen. Daß dieser selbst nach dem Erscheinen des Werks höchst unzufrieden mit ihm war, könnte auch daraus zu erklären sein, daß, wie A. V. Tschitscherin gezeigt hat, die lyrische Landschaft, mit der sich die Erzählerin umgibt, der Turgenjewschen Landschaft ähnelt und daß auch die Skala der seelischen Erlebnisse der Frau sowie das Verhältnis zum geliebten Menschen weithin nach dem Vorbild Turgenjews gezeichnet ist. Gerade der weibliche poetische Geist erweist sich als das verbindende Glied zwischen den Romanen Turgenjews und dem Werk Tolstojs (Tschitscherin, 1977, S. 246 – 248). Inhaltlich weit ausgreifend wie der Zeitroman Turgenjews ist *Familienglück* aber nicht. So fehlt die soziale Thematik, die noch für den *Morgen eines Gutsbesitzers* so bedeutsam war, fast völlig.

Am 2. Juli 1860 begann Tolstoj seine zweite Auslandsreise, die ihn, bis zum 13. April 1861, nach Deutschland, in die Schweiz, nach Italien, Frankreich, England und Belgien führte. Der Anlaß dazu war die Krankheit seines Bruders Nikolaj, sein eigentliches Vorhaben aber war es, den Stand der Volksbildung im Ausland kennenzulernen (Ejchenbaum, 1928, S. 371). Besonders wichtige Ereignisse während seines Aufenthalts im Westen waren die Dresdener Begegnung mit Berthold Auerbach, dem Verfasser der »Schwarzwälder Dorfgeschichten«, das Wiedersehen mit Alexander Herzen in London und der Besuch bei Proudhon in Brüssel. Nach der Rückkehr nahm Tolstoj seine pädagogische Tätigkeit wieder auf. Im Herbst 1862 heiratete er Sophie Behrs. Das Novemberheft von *Jasnaja Poljana* brachte seinen Aufsatz *Wer sollte von wem schreiben lernen, die Bauernkinder bei uns oder wir bei den Bauernkindern?*, einen Aufsatz, der mit seinem Titel an die Schriftsteller gerichtet war. In ihm liegen die Keime der späteren Volkserzählungen und Ansätze zu der Abhandlung *Was ist Kunst?* (1898).

Gegen Ende 1862 gelang es Tolstoj, *Die Kosaken* abzuschließen (1863 veröffentlicht), freilich nur zum Teil in Übereinstimmung mit den ursprünglichen Plänen. Dem »südlichen« Poem Puschkins *Die Zigeuner* verdankte er Anstöße für die Gestaltung des ideellen Konflikts, des Gegensatzes zwischen der zivilisierten Welt, die durch die höheren gesellschaftlichen Schichten verkörpert ist, und dem »wahren Leben« in der Freiheit der Natur. Das Werk trägt den Untertitel *Erzählung aus dem Kaukasus*, es war geplant als großer Roman mit einer weit ausgreifenden Fabel und sollte drei Teile enthalten. Tolstoj kam schließlich zu der Überzeugung, daß die erneute Hinwendung zu dem zehn Jahre zuvor aufgenommenen Grundgedanken unangebracht sei, da in der Gesellschaft und in der Literatur völlig neue Voraussetzungen gegeben waren. *Die Kosaken* sollten nicht als Wiederholung romantischer Traditionen und Themen erscheinen, sondern neue, zeitgemäße Gedankengänge in sich aufnehmen, vor allem, wie dies die endgültige Fassung zeigt, die Vorstellung des einfachen, naturnahen, arbeitsamen Lebens der Kosaken als soziales und sittliches Ideal (Opulskaja, 1963, S. 342).

Dmitrij Olenin, die Hauptgestalt und, wie die Kritik seinerzeit bemerkte, der Rousseau am nächsten stehende Held Tolstojs, der allem »Natürlichen« zutiefst zugetan ist, muß erleben, daß er das angestrebte Ziel, im Grunde ein Rousseausches Ideal, verfehlt. Es kommt nicht zu gegenseitigem Verstehen zwischen ihm und der Gemeinschaft der Kosaken. Der auktoriale Er-Erzähler fügt in seinen Bericht ethnographisches Material ein; der Personenrede ist Raum gegeben mit dem Hervortreten Olenins als Dialogpartner sowie mit der Darlegung seines Innenlebens im inneren Monolog und in erlebter Rede. Doch zeigt die Beschreibung der Geschichte der Grebensker Kosaken keine Verbindung mit Olenin, und in einer Reihe von Episoden ist er nur außenstehender Beobachter.

Der 24jährige Junker Olenin ist unterwegs zum Kaukasus, um fern von der Gesellschaft ein neues Leben zu beginnen; er ist reich und unabhängig, er hat viel verschwendet und »noch nie etwas getan«; er wird als Typus vorgestellt:

> »Er war einfach das, was man in der Moskauer Gesellschaft ›einen jungen Mann‹ nennt.« »Er hatte keine Familie, kein Vaterland, keinen Glauben und keine Not. Er glaubte an gar nichts und ließ nichts gelten.«

Die Erkenntnis, daß er zu echter Liebe unfähig ist, verleitet ihn zu dem Schluß, daß es eine solche nicht gebe. Ihn dem Typus des »überflüssigen Menschen«, des »lišnij čelovek« zuzurechnen, jener in der russischen Literatur des 19. Jahrhunderts nicht selten auftretenden Figur, könnte sich jedoch angesichts seines wahrhaft optimistischen Lebensgefühls als zweifelhafte Deutung erweisen. Bemerkenswert ist, daß in dem Werk religiöse Gedanken nicht ausgesprochen werden.

Olenin trifft in dem Kosakenmädchen Marjana eine Person, der er Verehrung entgegenbringt und die ihn veranlaßt, die Ehe mit ihr anzustreben. Für sie auch gelten die nach innen gesprochenen Worte, die seinen Eindruck von dem übrigens keineswegs als Idylle gezeichneten Milieu der Kosaken wiedergeben und die die Anlehnung an Rousseau erkennen lassen:

> »Die Menschen leben wie die Natur selbst... und kennen keine anderen Bedingungen als die, welche die Natur der Sonne, dem Gras, dem Tier und dem Baum vorgezeichnet hat. Andere Gesetze gibt es für sie nicht. ...Und deshalb kamen ihm diese Menschen schön, stark und frei vor, und er schämte sich und war traurig, wenn er sich mit ihnen verglich.«

Innerhalb der 42 Kapitel kommt dem Kapitel 20 insofern besondere Bedeutung zu, als es eine innere Wandlung des Helden bringt, die sich in seinem Bewußtsein kundtut. Er ist in der Waldeinsamkeit, leistet keinen Widerstand mehr gegen die Myriaden von Insekten, die Sonne steht über dem Wald.

> »Und es wurde ihm vollständig klar, daß er nicht ein russischer Edelmann, ein Glied der Moskauer Gesellschaft, ein Freund und Verwandter von dem und jenem, sondern genauso eine Mücke, ein Fasan oder ein Hirsch sei wie die, die jetzt um ihn herum lebten.«

Seine Gedanken münden in die Einsicht, daß das Glück darin bestehe, andere glücklich zu machen. Kennzeichnend für ihn ist aber Passivität; nicht er handelt und denkt im eigentlichen Sinn des Wortes, sondern in seinem Fühlen verliert sich sein Wille, seine Persönlichkeit. Die Person, die im Rahmen der Erzählung als tätigste gelten kann, ist Marjana; sie ist in eine Umgebung gestellt, die sie als antiromantische Gestalt erscheinen läßt (Tschitscherin, 1977, S. 251 f.).

Die lyrische Landschaft Turgenjews, an die noch das von der Erzählerin in *Familienglück* skizzierte Landschaftsbild erinnerte, fehlt in den *Kosaken*. In Tolstojs Landschaften wird die Grenze zwischen der »Darstellung« des Äußeren und dem »Ausdruck« des Inneren aufgehoben. Sein Landschaftsbild ist großenteils auf unmittelbare, bisweilen auf symbolische Weise, jedoch über die Psychologie des Helden in die Handlung selbst einbezogen, es ist ein Teil von ihr. Das Leben in der Natur und der Vorgang ihrer Spiegelung in der Seele des Menschen sind in der Landschaftsschilderung eine untrennbare Einheit eingegangen (Kuprejanowa, 1966, S. 138, 153). Bezeichnend für diese Art der Darstellung ist das mehrmals wiederholte »aber die Berge« Olenins beim ersten Blick auf den Kaukasus.

Fast ausschließlich innerer Monolog des Junkers ist Kapitel 33, gefaßt in die Form eines Briefes, der jedoch bei ihm verbleibt und dem zu entnehmen ist, daß drei Monate seit der ersten Begegnung mit Marjana vergangen sind. Nach scharfem Tadel für die Kreise der Gesellschaft, denen er selbst angehört hatte, gibt er sich einer quälenden Reflexion über seine Beziehung zu Marjana hin, die in ihm zum ersten und einzigen Mal das Gefühl wirklicher Liebe geweckt hat. Doch wird dieses Gefühl ins Abstrakte gehoben, wenn er es mit seinen Gedanken fassen will:

> »Vielleicht liebe ich in ihr die Natur, die Personifizierung alles Schönen in der Natur; aber ich habe keinen eigenen Willen: irgendeine Elementarkraft, Gottes Weltall liebt sie durch mich, die Natur drückt diese Liebe in meine Seele und spricht: ›Liebe!‹«

Daß Liebe bereits hier als Elementarkraft, als Ausdruck des blinden Willens bestimmt wird, überrascht, da Tolstoj auf Schopenhauer frühestens 1868 gestoßen sein dürfte, von dem er eine solche Auffassung vom Wesen der Liebe nachweislich in *Anna Karenina* übernommen hat.

Das einzelne Erzählkunstwerk stellt eine in sich ruhende Welt dar. Bei Tolstoj, jedenfalls in Werken der sechziger und siebziger Jahre, zeichnen sich innerhalb solcher dichterischer Welten verschiedene Sphären ab, die jeweils in einer Erzählung, in einem Roman voneinander abgehoben werden, wie zum Beispiel eine scharf von der Gegenwart getrennte Vergangenheit im Leben eines Menschen. Dieser thematische Zug ist in den *Kosaken* deutlich erkennbar. Mit der Landschaft, der großartigen Natur des Kaukasus gleichsam verwachsen, mit ihr eins geworden, sind die Kosaken als ein Bereich besonderer Art, als umgrenzter Bezirk echten Lebens dargestellt, in den sich Olenin mehr und mehr, aber nie völlig einlebt. Und als ob jener andere Bereich, jene andere Welt, die er für immer verlassen zu haben glaubt, das andere Rußland, die Großstadt, die Oberschicht der Gesellschaft ein unwiderlegbares Recht auf ihn habe, wird er an sie nachdrücklich erinnert durch den jungen, ihm aus Moskau bekannten Offizier, der in sein neues, glückliches und einsames Leben in der Kosakensiedlung gleichsam einbricht. Im letzten Kapitel ruft der alte Kosak Jeroschka, die russischen Ärzte tadelnd, aus: »Bei euch ist alles falsch.« Olenin widerspricht dem nicht. »Er war selbst zu sehr davon überzeugt, daß in der Welt, aus der er gekommen war und in die er zurückfuhr, alles falsch war.«

Das Motiv des Beginns, die Abreise in der Kutsche, kehrt am Schluß wieder: »Ebenso wie in Moskau stand die Posttrojka vor der Auffahrt.« Dem Anschein nach hat sich damit der Kreis der Erzählung geschlossen. Daß ursprünglich drei Teile geplant waren, geht u. a. aus der Tagebuchnotiz vom 19. Dezember 1862 hervor: »Den ersten Teil der Kosaken abgeschlossen.« In Briefen an den Verleger M. N. Katkow bezeichnete Tolstoj einige Male die von ihm zur Drucklegung übersandte Erzählung als ersten Teil des geplanten Werkes. Er hatte demnach noch immer die Absicht, einen zweiten Teil der *Kosaken* zu schreiben. Ob er sich damals über den Plan einer weiteren Entwicklung der Fabel mit einem dramatischen Finale im klaren war, ist nicht bekannt (Gusew, 1957, S. 585).

VI

Dorfliteratur – Tolstojs erster Versuch des rein Epischen,
Fehlen sozialer Polemik, »Dialektik des Verhaltens«, Nähe
zu und Abstand von J. Gotthelfs *Geld und Geist*: *Polikuschka*; einer der wichtigsten Entwürfe zum großen historischen
Roman: *Die Dekabristen*

Während seiner zweiten Auslandsreise traf Tolstoj, wie erwähnt, Berthold Auerbach. Er schätzte die *Schwarzwälder
Dorfgeschichten*, und der Roman *Neues Leben* (1852) mußte ihm wie eine Antwort auf Fragen moralischer und sozialer
Art erscheinen, die ihn damals bewegten. Er kannte die Erzählungen Johann Peter Hebels und vertiefte sich in die
Schriften Wilhelm Heinrich Riehls. Die Skizze *Eine Idylle*
(1860) zeigt die Einwirkung der deutschen Dorfliteratur sowohl im Stil – es ist der Skas (skaz) als derbe Bauernsprache
– wie im Thematischen, dem Bereich der Familie; die sozialen Ideen, die seinerzeit für die russische Dorfbelletristik
kennzeichnend waren, sind durch Gedanken ersetzt, die
vom Moralischen bestimmt sind (Ejchenbaum, 1931,
S. 41 ff.).

Der Dorfliteratur ist auch die Erzählung *Polikuschka*
(1863) zuzurechnen, die freilich nicht der sentimentalen Ge-
fühlsidyllik Auerbachs, sondern der illusionslosen Darstellung bäuerlichen Lebens im Bauernroman Jeremias Gotthelfs nahe steht. Der auktoriale Ich-Erzähler stellt drei
Hauptpersonen vor, die eine Entfaltung der Fabel im Sinn
des Ablaufs eines sozialen Sachverhalts geradezu zu fordern
scheinen: Eine adlige Frau und Gutsbesitzerin, den Hof-
knecht Pol (Polikuschka) und den reichen Bauern Dutlow.
Es ist die Zeit, da das Leibeigenschaftsrecht noch ausgeübt
wird und für die Nichtprivilegierten die Pflicht zum Militärdienst für 25 Jahre noch besteht. Polikej oder Polikuschka,
Haupt einer großen Familie, von den Bauern bewundert ob
seiner vermeintlichen Geschicklichkeit in der Heilkunde für
Pferde, neigt zum Trunk und zum Stehlen. Die Gutsherrin

beauftragt ihn, bei einem Gärtner einen größeren Geldbetrag abzuholen; sie will damit sein Selbstvertrauen stärken. In der Versammlung der Dorfgemeinde wird nicht er, sondern durch das Los der Neffe Dutlows für den Militärdienst bestimmt. Polikuschka übernimmt das Geld, schläft in jenem Gebäude, in dem die drei als Rekruten ausgewählten jungen Männer eintreffen. Dutlow fesselt den gegen sein Los aufbegehrenden, tobenden Neffen, den er nicht hatte freikaufen wollen, und die Katastrophe zeichnet sich bereits in einer, wenn auch unbestimmten Vorausdeutung ab. Das Wort des Dorfältesten »Was liegt am Geld? Das Geld ist Staub« wird von Dutlow kommentiert mit der Bemerkung: »Ach, das Geld? das Geld! Viel Unheil kommt vom Geld. Nichts in der Welt bringt soviel Unheil wie das Geld, das steht auch in der Schrift.« Der Hausknecht pflichtet dem bei mit der Erzählung von einem Kaufmann, der sein Geld ins Grab genommen hat, worin man dann statt des Geldes Würmer gefunden habe.

Fast schuldbewußt tritt Polikuschka die Rückreise an; er verliert die ihm anvertraute Geldsumme. Trotz fieberhaften Suchens findet er sie nicht; zu Hause angekommen, erhängt er sich. Seine Frau verursacht in ihrer Verzweiflung den Tod ihres kleinen Kindes und wird darüber geistesgestört. Der geizige Dutlow findet das verlorene Geld, die Gutsherrin schenkt es ihm, er will das »Teufelsgeld« nicht behalten und kauft damit den Neffen vom Militärdienst frei. Die fröhliche Rückfahrt mit diesem steht in scharfem Gegensatz zum Schicksal Polikuschkas und seiner Familie, das sich in wahrhaft dramatischer Weise erfüllt hat.

Leibeigenschaftsrecht und Militärdienstpflicht sind ohne soziale Polemik als Fakten in die Fabel verwoben. Die Bauernschaft ist ohne Idealisierung, mit einem Einschlag von Ironie geschildert. Die Gutsherrin wird, aus moralischer Sicht, als mitschuldig an dem Unglück, als unfähig zur Führung der Wirtschaft, als geschwätzig und weltfremd gesehen. Das leitmotivartig wiederholte Wort vom schrecklichen, vom unheilvollen Geld liegt der Fabel zugrunde; es läßt den Bezug zu Gotthelfs Roman *Geld und Geist* (1843/ 44) erkennen, der aber, anders als Tolstojs Erzählung, eine Tendenz zum Lehrhaften zeigt. Das für den ersten Teil des Romans bestimmende Motiv des Unheil bringenden Geldverlusts wird schließlich zu einem versöhnlichen Ende geführt.

Man hat *Polikuschka* als ersten Versuch des rein Epischen bei Tolstoj bezeichnet (Ejchenbaum, 1931, S. 139), es fehlt der sentimentale Lyrismus, der noch in *Familienglück* zu bemerken ist. Am 3. Januar 1863 schreibt Tolstoj im Tagebuch unvermittelt den Satz auf: »Die epische Gattung wird für mich zur einzig naturgemäßen.« P. Gromow macht darauf aufmerksam, daß alle Personen in dieser Erzählung von außen dargestellt sind, das heißt in ihren Handlungen, in ihrem Vorgehen; ihr Inneres wird dem Leser nicht enthüllt, es wird nicht aus der Sicht einer der Erzählfiguren berichtet. Eine solche Weise des Erzählens nennt Gromow eine »Dialektik des Verhaltens«. Auf diesen Begriff wird bei der Erörterung von *Krieg und Frieden* zurückzukommen sein.

Noch 1863 wurde *Polikuschka* – als erstes Werk Tolstojs – in deutscher Übersetzung herausgebracht; in Rußland blieb es infolge des fast gleichzeitigen Erscheinens der *Kosaken* weitgehend unbeachtet. Schon einige Jahre zuvor hatte sich Tolstoj einem neuen Bereich zugewandt, der Geschichte Rußlands im 19. Jahrhundert.

Wie *Zwei Husaren* wird auch das Romanfragment *Die Dekabristen* (1860 geschrieben) mit einer ungewöhnlich langen Satzperiode eingeleitet, ein Verfahren, dessen Anfänge, von der Komposition her gesehen, bereits in *Sewastopol im Mai* zu beobachten sind. Das Fragment beginnt mit den Worten:

> »Das war unlängst, während der Regierung Alexanders II., in unserer Zeit der Zivilisation und des Fortschritts, der Fragen, der Wiedergeburt Rußlands usw. usw., damals, als das siegreiche russische Heer aus dem dem Feind übergebenen Sewastopol zurückkehrte, als ganz Rußland die Vernichtung der Schwarzmeerflotte feierte…Das war die Zeit, als …als … als…«

In dieser syntaktischen Anordnung und Verknüpfung wird der Verlauf der historischen Ereignisse des Jahres 1856 mit ätzender Ironie geschildert. Es ist durchaus möglich, daß der polemisch und satirisch gefaßte Anfang der *Dekabristen* bewußt in Anlehnung und als Gegensatz zu der Einführung von *Zwei Husaren* geschrieben wurde und daß bereits Ende 1856 ein Entwurf der ersteren zustande kam (Wedel, 1961, S. 2).

In den drei Kapiteln des Fragments wird über einen 1856 aus der Verbannung in Sibirien nach Moskau zurückgekehrten Kosakenoffizier Peter Labasow berichtet, der zu den berühmten Männern des Dekabristenaufstands von 1825 gehört habe. Der Text läßt vermuten, daß in dem Roman weniger politische oder gesellschaftliche als vielmehr moralische Ideen literarisch gestaltet werden sollten. Wenn in Labasow der frühere Verschwörer schwerlich zu erkennen ist, so sollte damit offenbar die auf Alexander Herzen zurückgehende Einschätzung der Dekabristen als heroische Gestalten eine Antwort finden (Ejchenbaum, 1931, S. 194).

Es kann als nahezu gesichert gelten, daß Tolstoj im Winter 1862/63 Material für den Dekabristenroman sammelte, aber wohl schon im Frühjahr 1863 die Handlung in die Zeit um 1812 verlegte. Das neue Werk, das er damit begann, wurde erst im Lauf mehrerer Jahre vollendet, es war *Krieg und Frieden*. Das Fragment ist einer der ersten und zugleich wichtigsten Entwürfe zu dem großen historischen Roman (Wedel, 1961, S. 13, 256). Mit den *Dekabristen* scheint Tolstoj einen publizistischen Roman im Sinn gehabt zu haben, in dem der zeitgenössischen Generation Menschen einer anderen Epoche gegenübergestellt werden. Der Weg von 1856 zurück zum Jahr 1825 ließ es als erforderlich erscheinen, auch die Zeit des »Vaterländischen Krieges« von 1812 einzubeziehen. Es ist daran zu erinnern, daß in Rußland 1862 zur Feier des fünfzigjährigen Jubiläums der Geschehnisse von 1812 über diesen Gegenstand viel gesprochen und geschrieben wurde. Schließlich entschied sich Tolstoj dafür, die publizistischen Tendenzen in der Komödie *Die verseuchte Fa-*

milie zur Geltung zu bringen, das historische Element in der Form des Romans (Ejchenbaum, 1931, S. 211). Die Komödie, 1864 verfaßt und nur als Fragment erhalten, wurde erstmals 1928 veröffentlicht.

VII

Krieg und Frieden – Zusammenhang zwischen Entstehungsgeschichte und Aufbau; Anteil und Arten der Personenrede;
Höhepunkt in Tolstojs Kunst der Bewußtseinsschilderung
(»Dialektik der Seele«); die Rolle der Verfremdung in der
Personendarstellung; die Hauptgestalten: Andrej Bolkonskij, Pierre Besuchow, Natascha Rostowa; Antithese Napoleon – Alexander und geschichtsphilosophische Thesen mit
antihistoristischer Tendenz; die Skala der Sprachschichten;
die Bedeutung der überlangen Satzperiode; aus tieferer
Schicht hervorgehende Sinngebung

Der lange Weg vom ersten Entwurf bis zur endgültigen Fassung von *Krieg und Frieden* (vier Bände, 1868/69 erschienen) deutet auf ein hartes Ringen um die Gestaltung des
Werkes. Die letzte Fassung läßt die Handlung mit dem Jahr
1805 beginnen. Im Russischen Boten (Russkij Vestnik) erschien 1865/66 unter dem Titel »1805« der erste Teil, 1866
ebendort unter dem Titel »Krieg« der zweite Teil des ersten
Bandes des späteren Romans. Erst im März 1867 wurde der
Titel »Krieg und Frieden« gewählt. Der Roman ist weniger
aus der Belletristik als aus der historischen, biographischen
und Memoirenliteratur, aus Erinnerungen von Verwandten
und Freunden heraus erwachsen.

Tolstoj folgte zunächst der Tradition des westlichen Familienromans im 18. und 19. Jahrhundert. Die berichteten
Ereignisse sollten offenbar nur in einer lockeren Beziehung
zum Kriegsgeschehen von 1812 stehen. Napoleon war als
einer der psychologischen Maßstäbe für die Personen gedacht, die seine Anhänger oder Gegner sein konnten (Ejchenbaum, 1931, S. 242). Von Anfang an blieben im Romangefüge die zwei Familienkreise, die Bolkonskijs und
Rostows, um die sich die Handlung vor allem dreht und die
in die dargestellten historischen Ereignisse einbezogen werden. Eine für die Kenntnis der Entstehung des zwischen
1864 und 1869 niedergeschriebenen Romans bedeutsame
Eintragung im Tagebuch vom 19. März 1865 lautet:

»Habe mich in die Geschichte Napoleons und Alexanders vertieft. Bin jetzt wie besessen von dem Gedanken, eine psychologische Geschichte des Romans von Napoleon und Alexander zu schreiben, und überglücklich über die Möglichkeit, damit etwas Großes zu leisten. Die ganze Gemeinheit und Phrasenhaftigkeit, den Irrsinn und die Widersprüchlichkeit der sie umgebenden Menschen und ihrer selbst. Napoleon als Mensch wird unsicher...«

Es folgt eine äußerst ungünstige Charakterisierung Napoleons und eine günstige Alexanders I. Aus diesem Text geht hervor, daß während der Arbeit am Roman eine neue, auf das Historische gerichtete Konzeption in die Pläne des Dichters eingedrungen ist. Die Geschichte, die zuerst nur die Handlung motiviert hat, gewinnt selbständige Bedeutung, das Thema des Krieges, ursprünglich im Hintergrund stehend, wächst über das des Friedens hinaus (Schklowskij, 1928, S. 230 ff.). E. Simmons hat diese Entwicklung des Romanbaus treffend gekennzeichnet: »No reader could have guessed from the first part of War and Peace the massive superstructure that would be raised on this rather slight foundation« (Simmons, 1949, S. 309).

Die Gegenüberstellung von Familienszenen und Kriegsgeschehen, dann aber auch von Frieden und Krieg unter dem Blickwinkel der Geschichtsphilosophie dürfte nicht zuletzt durch das zuerst 1861 und schon 1864 auch in russischer Übersetzung erschienene Buch von P.-J. Proudhon *La guerre et la paix. Recherches sur le principe et la constitution du droit des gens* angeregt worden sein (Ejchenbaum, 1931, S. 285 – 291).

Der Geschehensbericht wird von einem auktorialen Erzähler gegeben, der über weite Strecken hin Personen zu Wort kommen läßt. Für die Entfaltung der Fabel wichtige Mitteilungen erfolgen in direkter Rede. Die Sprache der Personen ist individualisiert. Dies bewirken lexikalische und syntaktische Eigenheiten, und nicht selten ist die Personenrede in einer besonderen Weise durch den Ton, durch eine gewisse Intonation gekennzeichnet. Sogar die Gebärdensprache, also die Geste, den Gesichtsausdruck, die Körperhaltung läßt der Erzähler bisweilen eine Aussage in sich beschließen.

Der eigenartige Bau des Romans erschien der großen Mehrzahl der Kritiker unmittelbar nach seinem Erscheinen so sehr als außerhalb jeder literarischen Tradition stehend, daß man *Krieg und Frieden* nicht der Gattung des Romans zurechnen wollte. In einem Aufsatz hielt Tolstoj 1868 den Kritikern entgegen, die Geschiche der russischen Literatur von Puschkin an kenne viele Beispiele einer Abwendung von den überkommenen Formen der Kunstprosa, von der europäischen Form. Allmählich änderte sich die Haltung der Kritik, und der Roman wurde als überragendes Werk des großen Epikers anerkannt. In der sowjetischen Literaturwissenschaft bezeichnet man ihn gerne als Roman-Epopöe. Im folgenden Überblick werden einige Grundzüge des Inhalts wiedergegeben.

Band I. Der erste Teil spiegelt die ursprünglich geplante Form des Familienromans wider. Es ist das Jahr 1805; in der Petersburger Aristokratie spielen sich familiäre Szenen ab, über Napoleon wird erregt diskutiert. Die Hauptpersonen Pierre Besuchow, Andrej Bolkonskij und Natascha Rostowa treten auf. Komplementär für Pierre besitzt Andrej alle die Eigenschaften, die jenem fehlen, besonders Willenskraft (I, 8). Pierre, ein rückhaltlos offen Sprechender, ist, anders als Andrej, zu träumerischer Nachdenklichkeit befähigt. Das für den Roman, freilich eher vordergründig, bestimmende Moment der Antithese erscheint hier im Gegensatz zwischen dem unbeschwerten Leben in Kreisen der Gesellschaft und dem nahenden Tod des unermeßlich reichen Grafen Besuchow; um sein Erbe, das seinem illegitimen Sohn Pierre zufallen soll, werden bereits Intrigen gesponnen. Im Kontrast wird Symmetrie sichtbar:

»Während bei den Rostows im Saal die sechste Anglaise getanzt wurde unter den Klängen der vor Müdigkeit falsch spielenden Musiker [...], erlitt Graf Besuchow seinen sechsten Schlaganfall« (II, 21).

Die militärischen Szenen des zweiten Teils spielen in Österreich, zunächst bei Braunau. Andrej ist Adjutant Kutusows,
der fast durchweg positiv charakterisiert wird, sogar hinsichtlich seiner Ausdrucksweise. Zu einem österreichischen
General spricht er »mit angenehmer Schönheit des Ausdrucks und der Intonation« (II, 3). Was in der sowjetischen
Literaturwissenschaft mit einem von Tschernyschewskij ge-
prägten Begriff als »Dialektik der Seele« bezeichnet wird, ist
in diesem Teil besonders die Darstellungsweise der lebhaften seelischen Regungen Andrejs im Wandel der Stimmun-
gen, im Auftauchen von Erinnerungen, im jähen Wechsel
von frohgemutem Hochgefühl mit Enttäuschung und Er-
nüchterung.

Weitere historische Persönlichkeiten werden eingeführt.
General Mack meldet Kutusow persönlich die Niederlage
seiner Truppen bei Ulm. Kaiser Franz I. von Österreich und
Kutusow werden aus der Sicht Andrej Bolkonskijs gezeigt,
der Napoleon als »genialen Helden« bewundert. Die militärische Lage wird, nachdem er zu der Abteilung Bagrations
gestoßen ist, ebenfalls gemäß seinen Eindrücken geschildert:

> »Nachdem Andrej entlang der ganzen Front der Truppen vom rechten
> bis zum linken Flügel geritten war, gelangte er zu der Batterie hinauf,
> von der aus nach den Worten eines Stabsoffiziers das ganze Feld zu se-
> hen war …«

Im Gefecht von Schöngraben gelingt es Nikolaj Rostow, der
Gefangenschaft zu entgehen; sein Erleben wird als innerer
Monolog vorgebracht. Ein Beispiel wahren Heldentums ist
das Verhalten des bescheidenen Frontoffiziers Hauptmann
Tuschin und seiner Batterie, das freilich vor dem Befehlsha-
ber nachträglich durch Andrej gerechtfertigt werden muß.

Die Familienszenen des dritten Teils lassen den letztlich
im Moralischen begründeten Gegensatz zwischen Hélène
Kuragina und Maria, der Schwester Andrej Bolkonskijs,
hervortreten. Es folgen Episoden, die die Verstrickung von
Romanpersonen in das historische Geschehen zeigen. Mit

den Augen Nikolajs sieht der Leser dreimal den Zaren Alexander I., und für Andrej fügt es sich, zweimal die Aufmerksamkeit Napoleons auf sich zu lenken, als Verwundeter auf dem Schlachtfeld von Austerlitz und in der Gefangenschaft. Leiden, Todeserwartung, der Anblick des Himmels als erschütternde Erlebnisse gehen in seinen inneren Monolog ein, lassen eine neue, höhere Einsicht in ihm erwachsen, vor der der Nimbus Napoleons verblaßt.

Band II. Die Handlung setzt mit Geschehnissen des Jahres 1806 ein, eines Friedensjahres, in dem gerüchtweise bereits vom bevorstehenden Krieg gegen Napoleon die Rede ist. Pierre Besuchow wird Freimaurer; sein Streitgespräch mit Andrej über die beste Weise der Lebensgestaltung, über die Frage nach dem höchsten Glück, einer der ideellen Höhepunkte des Werks, läßt ihn ein neues Leben beginnen, und was in seinem Inneren vorgeht, schreibt er zeitweise in einem Tagebuch nieder (das er, den inzwischen veröffentlichten Textvarianten zufolge, unter freimaurerischem Einfluß zu führen begonnen hat; Brang, 1969, S. 458).

>In Pierres Seele ging während dieser ganzen Zeit eine komplizierte und mühevolle Arbeit innerer Entwicklung vor sich, die ihm vieles enthüllte und die zu vielen geistigen Zweifeln und Freuden führte.<

Die beiden Freunde sind jene Romanpersonen, deren geistige Entwicklung zu besonders hoher Reife gelangt. Nikolaj Rostow erlebt wieder die Welt der Familie, und auch die Atmosphäre in der Truppe umgibt ihn. Das Jahr 1808 wird im wesentlichen gerafft, in wenigen Zeilen dargestellt: »Im Jahr 1808 begab sich Kaiser Alexander nach Erfurt zu einem neuen Treffen mit Kaiser Napoleon.« Andrej Bolkonskij, durch den dem Leser Erkenntnisse über eine weitere historische Persönlichkeit, den Staatsmann Speranskij, vermittelt werden, begegnet zum erstenmal Natascha Rostowa, um die er dann wirbt. Im inneren Monolog urteilt er über sie: »Dieses in besonderer Weise poetische, von Leben überströmende, reizvolle Mädchen.« Das Poetische wird überall im Leben gesehen. So läßt der Erzähler in Band III Pierre Besuchow in

Begeisterung geraten über das sich ihm bietende Bild der kämpfenden Truppen während der Schlacht von Borodino:

»Als Pierre über die Stufen des Weges auf den Hügel ging, blickte er nach vorne und wurde starr vor Entzücken angesichts der Schönheit des Schauspiels. Das war dasselbe Panorama, an dem er sich gestern von diesem Hügel aus ergötzt hatte« (III, II, 30).

Für die durch eine überaus häufige Verwendung der Personenrede gekennzeichnete Erzählweise ist es symptomatisch, daß Natascha bei ihrer Reaktion auf Andrejs Werben um ihre Hand mit dreierlei Art von Rede charakterisiert wird, durch den inneren Monolog, die direkte und die übertragene Rede, d. h. die Sprache des Ausdrucks (»ihr Gesicht sagte …«). Für letztere wurde die Bezeichnung »paralleler innerer Monolog« vorgeschlagen, da darin, anders als im lautlosen inneren Monolog, die parallele Spiegelung innerer Erlebnisse einer literarischen Person ausgedrückt wird (Rinberg, 1978, S. 282 f.). Aus dem folgenden Textbeispiel kann ersehen werden, daß ein wichtiges Moment der übertragenen Rede das Verschweigen als Anzeichen des Kontextes ist; hier wäre der in der modernen Linguistik übliche Begriff des extralinguistischen Kontextes angebracht.

Eine Metapher beschreibt das Gefühl, das auf dem großen Ball während des Tanzes mit Natascha über Andrej gekommen ist: »Der Wein ihres Liebreizes schlug ihm zu Kopf« (II, III, 16). Nachdem er um Natascha geworben hat, wird zunächst über sie berichtet:

»Ihr Gesicht sagte: Warum fragen? Warum an dem zweifeln, was nicht unbekannt sein kann? Warum reden, wenn es unmöglich ist, mit Worten auszudrücken, was man fühlt?«

Dann spricht sie im inneren Monolog:

»Bin es wirklich ich, dieses Mädchen, das noch ein Kind ist (alle reden so über mich)«, – dachte Natascha, – »bin ich jetzt, von diesem Augenblick an wirklich gleich mit diesem fremden, lieben, klugen Menschen, der sogar von meinem Vater geachtet wird? Ist das wirklich Wahrheit? Ist es wirklich wahr, daß jetzt mit dem Leben nicht mehr gescherzt

werden kann, daß ich jetzt schon groß bin, daß jetzt schon die Verant-
wortung für alles Tun und Reden auf mir liegt? Ja, daß er mich gefragt
hat?«

Dann erfolgt die Aussprache zwischen beiden, in der Natascha erfährt, daß die Vermählung erst nach einem Jahr statt-
finden könne (III, 23).

Was sich hier (»Ihr Gesicht sagte …«) in der Mimik, im
Blick äußert, erscheint in der kommentierenden Bemerkung
des Erzählers und enthüllt, was im Dialog selbst verborgen
bleibt, jedoch im Grunde dessen Bestandteil ist – ein Verfahren, das für Tolstojs Erzählweise charakteristisch ist (Eremina, 1983, S. 40 f.).

Am Schluß des zweiten Bandes – die Szene findet sich an
exponierter Stelle – sieht Pierre in Moskau den Komet des
Jahres 1812, den Schweifstern, den man damals als Verkün-
der von Unheil betrachtete. Dies ist sowohl ungewisse Vorausdeutung und somit ein Mittel der Verklammerung, die
das Werk als Einheit erscheinen läßt, wie auch Natursym-
bol; Mensch und Natur sind einander eng verbunden:

> »Es schien Pierre, daß dieser Stern ganz dem entsprach, was in seiner
> zu neuem Leben erblühten, mitfühlend und mutig gewordenen Seele
> war. «

Band III. Die Einleitung bildet eine über mehrere Seiten sich
hinziehende Reflexion des Erzählers, die sich einem geschichtlichen Problem, dem Gegensatz Alexander – Napoleon, zuwendet. Es ist eine Reflexion über die Macht des
Bösen, die mit dem Krieg offenbar geworden ist, und sie
führt letztlich zum Determinismus: »Fatalismus in der Geschichte ist notwendig für die Erklärung unverständlicher
Erscheinungen.« Ein Antihistorismus tritt hervor, für den
Sätze kennzeichnend sind wie: »In den historischen Ereignissen sind die sogenannten großen Menschen nur Etiket-
ten«, »Geschichte, das heißt das unbewußte, gemeinsame,
schwarmhafte Leben der Menschheit«.

Welche Kraft bewirkt, daß die Völker in Bewegung geraten, daß die Geschichte den einzelnen und die Nationen mit

sich reißt? Und wie ist es zu erklären, daß die historischen Begebenheiten – Kriege, Entschlüsse und Entscheidungen der Herrschenden – nicht rational zu ergründen sind, da sie, vom wirklichen Leben her gesehen, sich nicht unmittelbar auf die Existenz der Individuen beziehen lassen, mit deren gewöhnlicher Motivation in keinem offenkundigen Zusammenhang stehen? Diese in den Reflexionen gestellten Fragen sind es im wesentlichen, auf die der Erzähler letztlich keine Antwort zu geben weiß (vgl. Chiaromonte, 1971).

Das Kunstmittel der stilistisch herausgehobenen Einführung findet sich, wie erwähnt, bereits in der zweiten Sewastopoler Skizze, in *Zwei Husaren* und in den *Dekabristen*. Im dritten und vierten Band des Romans werden historische Tatsachen, besonders soweit sie die Persönlichkeit Napoleons betreffen, stärker vom subjektiven Denken verändert als in den beiden ersten Bänden. Mit dem Verfahren stilistisch abgehobener Erzählertexte auf geschichtsphilosophischer Grundlage ist die Möglichkeit der theoretischen Begründung von Angriffen auf bislang geltende Thesen der Geschichtswissenschaft gegeben. Die Reflexionen, die einzelne Teile des dritten und vierten Bandes einleiten, geben zweifellos im großen und ganzen die Auffassung des realen Autors, Tolstojs selbst, wieder. Zwar findet sich seine Bemerkung »Ich fürchtete, die Notwendigkeit, die bedeutenden Gestalten des Jahres 1812 zu beschreiben, werde mich veranlassen, mich von den historischen Dokumenten und nicht von der Wahrheit (istina) leiten zu lassen« nur in einem Entwurf, der als Vorwort zum Roman erscheinen sollte. Der Drang nach einer inneren Wahrheit aber war für ihn zugleich und in einem Mahnung des künstlerischen Gewissens und sittliche Verpflichtung.

Wiederum werden historische Ereignisse von Augenzeugen wiedergegeben. Während der Erzähler selbst die Begegnung des Generaladjutanten des Zaren, Balaschew, mit Napoleon schildert, läßt er Andrej Bolkonskij die Atmosphäre im russischen Hauptquartier darstellen, die dieser als komplexes Ganzes mit bestimmten Gruppen und Untergruppen zu erkennen meint. Pierre Besuchow beobachtet eine Versammlung des Adels und der Stände.

Einzelne Geschehnisse werden von mehreren Erzählern jeweils aus einer anderen Perspektive vorgebracht, wie die Eroberung und der Brand von Smolensk, wovon der primäre Erzähler zu Beginn des zweiten Teils und der Gutsverwalter Alpatytsch in Kapitel 4 berichten. Mit Pierre als Nichtmilitär, also in verfremdender Sicht, erlebt der Leser, nach dem Vorbild von Stendhals Roman *La Chartreuse de Parme* die Schlacht von Borodino. Die Beratungen eines Kriegsrats bei Kutusow in einer Dorfhütte gibt nicht nur der Erzähler wieder, sondern sie werden zudem von dem sechsjährigen Bauernmädchen Malascha verfolgt und aus seiner Sicht dem Leser übermittelt, das, auf dem Ofen liegend, Zeugin sein darf (III, 4). Man hat in diesem Zusammenhang von »Ofenperspektive« gesprochen.

Das vor dem Einzug der französischen Truppen von den meisten seiner Bewohner verlassene Moskau läßt, wie in einem ausgedehnten Vergleich – einer »aktualisierten Metapher« – gesagt wird, an einen absterbenden Bienenstock ohne Königin denken.

Band IV. Pierre wird Augenzeuge des Brandes von Moskau, und er lernt als Gefangener den Bauern Platon Karatajew kennen, der für ihn zur »unfaßbaren, vollkommenen, ewigen Verkörperung des Geistes der Einfachheit und Wahrheit« wird. »Jedes seiner Worte und jede Handlung war die Bekundung einer ihm unbekannten Tätigkeit, die sein Leben war« (I, 13).

Das Werk, als dessen Grundthema man wohl das Leben als unüberwindliche, immer wieder triumphierende Kraft bezeichnen kann und dessen Grundton optimistisch ist, enthält eine wirkungsreiche Schilderung des Todes eines Menschen im Sinne eines großen Geheimnisses. Andrej Bolkonskij hat einen Monat zuvor in der Schlacht von Borodino eine unheilbare Verwundung erlitten; seine Schwester und Natascha, seine Braut, fühlen, wie er langsam gleichsam vor ihnen versinkt:

> »In seinen Worten und in seinem Ton, besonders in diesem Blick –
> einem kalten, fast feindlichen Blick – fühlte man eine für einen leben-
> den Menschen schreckliche Entfremdung von allem Irdischen« (I, 15).

Im Traum will er die symbolhafte Türe, die den Tod vom Leben trennt, geschlossen halten, und er stirbt, da dies nicht gelingt.

Und wenn Petja Rostow, der sechzehnjährige, mehr toll-kühn als wirklich tapfer, in der Nacht vor jenem Überfall auf die Franzosen, der ihn das Leben kostet, wachend in eine geheimnisvolle Welt eingeht, die er optisch und aku-stisch erlebt – »Es war ein Zauberreich, in dem alles möglich war« –, so scheint sich in diesen Bildern und Klängen die letzte und höchste Spannung des Lebens kurz vor dem Tod auszudrücken (III, 10).

Napoleon ist in Moskau; sein Aufruf an die Bewohner der Stadt findet sich im Text und zugleich auch eine zusammen-fassende Aufzählung der von ihm zur Sicherung des Erober-ten getroffenen Maßnahmen, dazu in Parallele deren Mißer-folg und dessen jeweilige Ursache. Pierre hat in den vier Wochen der Gefangenschaft, die ihm beinahe den Tod brachten, Ruhe in sich selbst gefunden, er hat den Sinn des Lebens erkannt.

> »Jene schrecklichen Augenblicke, die er während der Hinrichtung er-
> lebte, hatten aus seiner Vorstellung und Erinnerung die beängstigen-
> den Gedanken und Gefühle, die ihm früher als wichtig vorgekommen
> waren, für immer weggespült« (II, 6).

Natascha sieht in Maria Bolkonskaja, in ihrem Leben der Ergebenheit und Demut, die »Poesie der christlichen Selbst-verleugnung« verwirklicht; mit Nataschas Hilfe »enthüllte sich auch die vordem unverstandene Seite des Lebens, der Glaube an das Leben, an die Freuden des Lebens« für An-drejs Schwester.

Als Antithese zu Napoleon ist neben Alexander I. der eigentliche Sieger Kutusow gesehen, der Zauderer, der nicht glaubt, die Ereignisse lenken zu können. Der entscheidende Wesenszug des russischen Heerführers ist sein »volksverbundenes Fühlen«, das er in voller Reinheit und Kraft in sich trägt. Für den Begriff Volk steht im Roman als Persönlichkeit namentlich Platon Karatajew. Bei der Darstellung Napoleons und der französischen Linie aber, der ihn umgebenden Könige und Prinzen, ist der in eben diesem Roman immer stärker hervortretende Kunstgriff der negativen Charakterisierung angewendet. Er besteht unter anderem in der mehrmaligen leitmotivischen Wiederholung bestimmter Kennzeichen von Romanpersonen; die Wiederholung hat negative, ironisierende Wirkung. Als Beispiel sei die Verwendung des Eigenschaftsworts *weiß* bei der Beschreibung der Hände Napoleons genannt. Zunächst heißt es, Napoleon habe, nachdem die Sonne aufgetaucht war und sich über Felder und Nebel ausgebreitet hatte, den Handschuh von der »schönen, weißen Hand« genommen und mit ihr den Marschällen ein Zeichen für den Beginn der Sache gegeben (I, III, 14). Später wird berichtet:

> »Napoleon wandte ein wenig den Kopf zurück und hielt seine kleine rundlich-weiche Hand zurück, als wollte er etwas nehmen.« »Die kleine weiße Hand Napoleons mit dem Orden berührte den Knopf des Soldaten Lasarow.« »Lasarow blickte finster auf den kleinen Mann mit den weißen Händen ...«

Schließlich wird aus der Sicht Rostows erzählt: »Bald erinnerte er sich an Denisow ... Bald erinnerte er sich an diesen selbstzufriedenen Bonaparte mit seiner kleinen weißen Hand« (II, I, 21).

Im dritten Band sind von Napoleon auf St. Helena geschriebene Bemerkungen eingefügt, und gegen Ende des vierten Bandes urteilt der Erzähler selbst und durch ihn zweifellos der Autor über ihn:

> »Für die russischen Historiker ist (seltsam und schrecklich zu sagen) Napoleon – dieses ganz nichtige Werkzeug der Geschichte, der nie und nirgends, auch nicht in der Verbannung, menschliche Züge gezeigt hat – Gegenstand von Entzücken und Begeisterung: Er ist – grand.«

Die Handlung im Epilog ist sieben Jahre später angesetzt. Nach einer über vier Kapitel sich hinziehenden Reflexion, in der neben anderem das Moment des Zufalls in den geschichtlichen Ereignissen erörtert wird, wendet sich der Erzähler dem Schicksal der Familie Rostow zu. Familienszenen spielen sich ab, und es sind Gedankengänge von *Familienglück* aufgenommen. Natascha, jetzt mit Pierre Besuchow vermählt, Mutter von vier Kindern, zeigt weder Interesse noch Verständnis für »Fragen«, für Überlegungen über die Rechte der Frau, über die Beziehungen der Gatten zueinander. In ihr ist eine Symbolfigur für die stets siegende Kraft des Lebens geschaffen. Mit dem Wirken Pierres wird das Ereignis des 25. Dezembers 1825, der Aufstand der Dekabristen, bereits angedeutet. Das Romanende ist nach dem Verfahren des offenen Schlusses gestaltet.

Die Skala der Sprachschichten des Romans reicht von der Bauernsprache bis zum Französischen der russischen gebildeten Kreise. So hat das archaisierende Kirchenslawisch darin seinen bestimmten Platz; es wird im wesentlichen auf den religiösen sakralen Bereich beschränkt, erscheint aber dort als ein vom Russischen gesondertes Idiom. Bevor im dritten Band das vom Synod verfaßte Gebet um die Rettung Rußlands vor dem feindlichen Angriff angeführt wird (III, I, 18), wird die Art der Lesung durch den Geistlichen beschrieben: »... begann der Geistliche mit jener hellen, nicht übertrieben feierlichen, sanften Stimme, mit der einzig und allein slawische geistliche Vorleser zu lesen pflegen und die so unwiderstehlich auf das russische Herz wirkt.«

Eine bevorzugte Stelle nimmt das Französische ein; so werden 102 Textstellen gezählt, d. h. in französischer Sprache abgefaßte Partien, die aus mindestens zwei Sätzen bestehen und nicht durch russische Wörter oder Sätze getrennt werden (Andrijewskaja, 1978, S. 257). Das Russische der hauptstädtischen Aristokratie ist in *Krieg und Frieden* als »Klassenjargon«, wie in der sowjetischen Literaturforschung gesagt wurde, durch eine eigentümliche Beimischung französischer Elemente gekennzeichnet. Bisweilen

66

wird die Reinheit und Richtigkeit der Aussprache des Französischen bei Vertretern der höheren Schicht des Adels vom Erzähler hervorgehoben; es finden sich Lehnübersetzungen, die ihrer Entstehung nach das Muster des Französischen verraten. Von Personen, in deren Rede russische idiomatische Wendungen fehlen, werden französische vorgebracht, andere, wie Ippolit Kuragin, gebrauchen grammatische und stilistische Gallizismen (Senkewitsch-Gudkova, 1955, S. 220 – 228).

Die Frage der in den Roman eingegangenen Sprachschichten wird auch in dem engen Bereich der Verwendung von Vornamen für fiktive Personen gestellt. Bei der Auswahl dieser Namen ließ sich der Autor in erster Linie von der sozialen Differenzierung des realen Bestands an Vornamen Ende des 18. bis Anfang des 19. Jahrhunderts leiten, d. h., er war folgerichtig in der Wahl sozial typischer Rufnamen für seine Figuren. Bereits im 18. Jahrhundert war der Bestand an Vornamen im großen und ganzen einheitlich für ganz Rußland. Nur in einem einzigen Fall entspricht der Name eines Helden in Tolstojs Roman nicht dem sozialen Status seines Trägers, bezeichnenderweise beim Vornamen Platon (Karatajew). Im 18. Jahrhundert war er als Rufname unter dem Einfluß der künstlerischen Literatur beim Adel gebräuchlich geworden (Silajewa, 1982).

Tolstoj hat Anregungen von einer Reihe ausländischer Autoren erfahren, von Trollope mit *The Bertrams*, von Dickens mit *Our Mutual Friend*, ferner von Joseph de Maistre mit *Correspondances diplomatiques* und *Les soirées de St. Pétersbourg*. Mit einigen russischen slawophilen Denkern, wie den Historikern M. P. Pogodin und P. I. Bartenew sowie dem Schriftsteller S. S. Urusow, stand er während der Abfassung des Romans zeitweise in enger Verbindung.

Auch ein Vergleich mit Turgenjew ist aufschlußreich. In ihre Studie über die künstlerische Methode Turgenjews als Romanautor bezieht G. B. Kurljandskaja Tolstojs Kunstprosa mit ein. »Während der Realismus Turgenjews durch romantische Subjektivität bereichert ist, zeichnet sich der Realismus Tolstojs durch strenge Nüchternheit aus, wenn er auch des poetischen Elements nicht entbehrt« (Kurljandskaja, 1972, S. 67). In der Darstellung der Frau und der dichterischen Gestaltung des Themas der Liebe zeige sich besonders deutlich der Unterschied in der ideell-moralischen Position beider Autoren, »der größten Realisten mit individuell eigenwilliger Lösung des Problems des Ideals und der Wirklichkeit.« Tolstoj scheue den geistigen Aspekt der Schönheit. Die Poesie des persönlichen Gefühls sei in seiner Darlegung mit elementaren Erscheinungen der Natur selbst verbunden, mit den natürlichen, d. h. den physiologischen Grundlagen des Menschen, nicht aber mit seinen intellektuellen Fragen (70).

Das Wesentliche in der Persönlichkeit der Tolstojschen Heldin, ob es nun Natascha Rostowa oder Kitty oder Anna in *Anna Karenina* ist, sei jene leidenschaftliche Liebe zum Leben, die sich ausschließlich auf die intimen Erlebnisse richte und gleichgültig gegenüber dem Suchen nach moralischer Wahrheit sei (72).

Die Psychologisierung von Naturvorstellungen macht Turgenjew, so Kurljandskaja, zum unmittelbaren Vorgänger Tolstojs, in dessen Landschaften eine Weiterführung Turgenjewscher Tradition zu beobachten ist (84). Die Naturbilder nehmen die »Geistigkeit« des Menschen in sich auf, wofür als Beispiel der Himmel über Austerlitz in der Sicht Andrejs und der Komet des Jahres 1812 in der Deutung Pierres zu nennen sind. Vergleiche werden in stärkerem Maß von Turgenjew als von Tolstoj verwendet (171). Die beiden stehen zueinander im Gegensatz nicht nur im philosophischen Bereich, in der psychologischen Analyse, in dem Verfahren der Typisierung und Verallgemeinerung des Lebens, sondern auch in der Handhabung der sprachlichen Mittel (184).

Zu den komplizierten Sätzen und Perioden Tolstojs äußert sich A. V. Tschitscherin wie folgt: »In ihnen gibt es weder die kristallklare Deutlichkeit Puschkins noch die hohe

Schönheit Turgenjews, sie sind wirkmächtig dadurch, daß der Autor bewußt den äußeren Wohlklang um der vollständigen Erfassung des Lebens in seinen wesentlichen inneren Zusammenhängen und starken Widersprüchen willen vernachlässigt« (Tschitscherin, 1958, S. 168).

Zwar hat Tolstoj 1862 in einem Aufsatz abfällig über die »lange, verschränkte Periode« geurteilt, die vor allem der Klarheit des Gedankens nicht förderlich sei; doch hat er dann aus künstlerischem Gestaltungswillen heraus selbst so komplizierte syntaktische Gefüge geschaffen, wie sie aus der übrigen russischen Literatur nicht bekannt sind. Über die lange, gebündelte Periode in *Zwei Husaren* und den *Dekabristen* wurde bereits gesprochen. In *Krieg und Frieden* dient sie, leicht abgewandelt, der Enthüllung von Widersprüchen, ferner dazu, die Einheit in der Zeit annehmen und völlige Klarheit aufkommen zu lassen. Nach den von Tschitscherin in seine Untersuchung einbezogenen Studien S. M. Solowjows vereinen Tolstojs lange Perioden in sich ungewöhnliche Vollkommenheit, Genauigkeit, strengen Aufbau und musikalische Einheit, ist in ihnen deutlich die Verstärkung oder Schwächung des Tons ausgedrückt. Von russischer Seite her ist dem Dichter darin Karamsin vorausgegangen und Vorbild gewesen, von nichtrussischen Autoren neben anderen erwiesenermaßen Montaigne, den er geschätzt und immer wieder gelesen hat. Mit Hilfe der Periode gelang Tolstoj die Verbindung äußerst genauer Detailbeschreibung (Turgenjew war sie seinerzeit geradezu »kurzsichtig« vorgekommen) mit dem ungewöhnlichen Weitblick großartiger epischer Panoramen (Tschitscherin, 1977, S. 257 – 261).

Als Beispiel folgen Sätze aus der Beschreibung der Truppenschau, die bei Beteiligung russischer und österreichischer Truppen in der Stärke von 80 000 Mann von den beiden Kaisern bei Olmütz durchgeführt wird (I, III, 8):

»Vom frühen Morgen an begannen die Truppen, die sich sorgfältig gereinigt und geputzt hatten, sich zu bewegen, indem sie sich auf dem Feld vor der Festung in eine Ordnung einreihten. Bald bewegten sich

Tausende von Beinen und Bajonetten mit wehenden Fahnen, blieben auf das Kommando von Offizieren stehen, bogen seitlich ein und ordneten sich in Abständen, wobei sie andere ebensolche Massen von Infanterie in anderen Uniformen umgingen; bald ertönte mit gleichmäßigem Getrappel und Geklirr die schmucke Kavallerie in dunkelblauen, roten, gelben gestickten Uniformen mit schön geschmückten Musikern an der Spitze, auf schwarzen, fuchsroten, grauen Pferden, bald kroch, langsam sich hinziehend, mit ihrem metallenen Klang der auf den Lafetten leicht zitternden geputzten glänzenden Kanonen und mit ihrem Geruch von Luntenstöcken zwischen Infanterie und Kavallerie die Artillerie und stellte sich auf den festgesetzten Plätzen auf. Nicht nur die Generäle in der vollen Paradeuniform, mit bis zum äußersten zusammengezogenen dicken und dünnen Taillen und geröteten, von den Krägen gestützten Hälsen, mit Schärpen und allen Orden; nicht nur die pomadisierten eleganten Offiziere, sondern jeder Soldat – mit frischem, gewaschenem und rasiertem Gesicht und bis zur letzten Möglichkeit des Glanzes gereinigter Ausrüstung; jedes Pferd, so gepflegt, daß sein Fell wie Atlas leuchtete und Härchen an Härchen die angefeuchtete Mähne lag – alle fühlten, daß etwas Ernstes, Bedeutsames und Feierliches sich vollziehe.«

In beiden Perioden wird ein Ganzes beschrieben, in der ersten das Heer mit den drei Truppenteilen, in der zweiten – gestaffelt – Offiziere, Mannschaften und Pferde, die das Gesamt der Truppe bilden, wobei es auffällt, daß das Pferd auf eine Linie mit dem Menschen gestellt wird. Das optische Bild wird ergänzt durch Wiedergabe von Eindrücken des Klangs und sogar der Wirkung auf den Geruchssinn.

E. N. Kuprejanowa meint die dichterische Darstellung von Bewußtseinsvorgängen, wenn sie den, wie erwähnt, von Tschernyschewskij vorgebrachten Begriff »Dialektik der Seele« in ihrer Ästhetik L. N. Tolstojs aufgreift und bemerkt, des Dichters größte künstlerische Entdeckung habe in der Auffindung der Dialektik des Inneren und des Äußeren, des Subjektiven und Objektiven, des Psychischen und Materiellen bestanden (Kuprejanowa, 1966, S. 139). Hier ist ein Hinweis von P. Gromow zu beachten: Für diesen hat die komplizierte »Dialektik der Seele« bei der Charakterisierung des alten Bolkonskij zu einer der vollendetsten Ausprägungen des reifen Tolstojschen Stils geführt, während er in der Figur des gewissermaßen seelenlosen Fürsten Wasilij

Kuragin eine schier endlose entlarvende »Dialektik des Verhaltens« entfaltet sieht, und zwar durch eine Kette von Gesten, Posen, spitzfindigen Einfällen, in denen das niedrige Niveau dieser Gestalt deutlich sichtbar wird (Gromow, 1971, S. 211). Die Helden in *Polikuschka* sind von außen, in ihren Handlungen gesehen; die besonderen Themen und Konflikte, die darin dargelegt werden, bedurften keiner »Dialektik der Seele« (ebd., S. 387 f.).

In einer tieferen Intention des Romans dürfte das Leben in seiner unfaßbaren Mannigfaltigkeit, in seiner Vielschichtigkeit das Wesentliche sein gegenüber der eher vordergründigen Auffassung eines Gegensatzes zwischen Napoleon und Alexander, zwischen der französischen und der russischen Linie. Konstruktive Formen, mit denen die Vielfalt menschlichen Denkens und Fühlens ihren Ausdruck findet, sind die wie in einem Chor einander folgenden und sich ineinander verschlingenden Reden der Romanpersonen. Die Vielschichtigkeit menschlichen Lebens will der Dichter dadurch zur Erscheinung bringen, daß er einzelne, nebeneinander stehende, in sich geschlossene Sphären oder Welten (im Originaltext oft mit »mir«, Welt, bezeichnet) erstehen läßt. Sind es in den *Kosaken*, bedingt durch das seinerzeit für Tolstoj bedeutsame Problem des Verhältnisses von Natur und Zivilisation, nur zwei Bereiche, die einander gegenüberstehen, so sind solche »Welten« in *Krieg und Frieden* in größerer Zahl zu finden.

Vor allem ist es die Welt der Familie, die, am Beispiel der Rostows gezeigt, dicht und geschlossen gestaltet ist, ferner die Welt des Militärs, der Kreis der oberen Schichten, die sich in Sprache und Auftreten, in ihrer Denkweise von den anderen Volksteilen absondern; oben war von Besonderheiten des Jargons der hauptstädtischen Aristokratie zu berichten. Der Übergang von einer solchen »Welt« zu einer anderen kann mit Schmerzen verbunden sein, wofür als Beispiel die in II, IV, 1 beschriebene Stimmung Nikolaj Rostows angeführt sei, der seine Truppe verlassen muß. Zu Beginn von Teil vier des zweiten Bandes wird vom Erzähler der Bereich

71

des Militärs als ein in sich geschlossenes Ganzes dargestellt, das seine eigenen Gesetze hat, sozusagen sein eigenes Leben lebt. Als zentraler Begriff wird hier ein zur Tolstojschen »Welt« synonymes Wort, nämlich Stand, Stand des Militärs (russ. soslovie voennoe) verwendet:

> »Die biblische Überlieferung sagt, daß das Fehlen von Mühe – Müßiggang – die Bedingung der Seligkeit des ersten Menschen bis zu seinem Fall war. Die Liebe zum Müßiggang ist im gefallenen Menschen dieselbe geblieben, aber der Fluch lastet ständig über den Menschen, und zwar nicht nur deshalb, weil wir im Schweiß unseres Angesichts unser Brot erwerben müssen, sondern, weil wir gemäß unserer Eigenschaften nicht müßig und ruhig sein können. Eine heimliche Stimme sagt, daß wir schuldig sein müssen dafür, daß wir müßig sind. Wenn der Mensch einen Zustand finden könnte, in dem er, im Müßiggang verweilend, sich als nützlich und seine Pflicht erfüllend fühlen könnte, hätte er eine Seite der ursprünglichen Seligkeit gefunden. Und einen solchen Zustand pflichtgemäßen und untadeligen Müßiggangs genießt ein ganzer Stand – der Stand des Militärs. In diesem pflichtgemäßen und untadelhaften Müßiggang vor allem wird die Anziehungskraft des Militärdienstes begründet sein.«

Die Sphäre des Familiären wird von Nikolaj Rostow empfunden:

> »Als er in seinem früheren Klassenzimmer saß, auf dem Diwan mit den kleinen Armpolstern, und in die verzweifelt-belebten Augen Nataschas schaute, ging Rostow wieder in diese seine Welt der Familie, der Kindheit ein, die für niemanden einen Sinn besaß außer für ihn, die ihm aber Genüsse gebracht hatte, die zu den besten in seinem Leben zählten« (II, I, 1).

In der Nähe des Begriffes Welt als geschlossenem Kreis oder als »Milieu« steht der Begriff des Atmosphärischen. Tolstoj vermag es in wohl unnachahmlicher Weise zu schildern:

> »Zu Hause schlief man noch nicht. Die Jugend des Hauses Rostow war aus dem Theater zurückgekehrt, hatte das Abendessen eingenommen und saß beim Klavichord. Als Nikolaj in den Empfangsraum eingetreten war, erfaßte ihn jene liebevolle, poetische Atmosphäre, die in diesem Winter in ihrem Haus herrschte und die sich jetzt, nach dem Antrag Dolochows und nach dem Ball Jogels, dem Anschein nach wie die

Luft vor einem Gewitter über Sonja und Natascha noch verdichtet hatte« (II, I, 15).

Die leitmotivartige Verwendung des Begriffs Welt oder entsprechender Substantive wie Sphäre, Milieu, Kreis in diesem Sinn kehrt in *Anna Karenina* wieder.

VIII

Nähe zur Volksdichtung, heroische Thematik: *Der Gefangene im Kaukasus. Anna Karenina* – die zwei Handlungs-
stränge; der Faktor Zeit und der Lebensweg der Titelheldin;
die Symbolik; Einwirkung Schopenhauers; das Motto; Versuche der Deutung; die Bestimmung als Doppelroman; der
Dialog; das Roman-Ende im Rahmen dichterischer Selbstdarstellung

In einem Brief an Nikolaj Strachow vom 22./25. März 1872
spricht Tolstoj von seiner Neigung für das echt Volkstümli-
che, für das »Bestimmte, Klare und Schöne und Maßvolle«,
das er in der Dichtung und Sprache sowie im Leben des Volkes finde. In der erstmals 1872 veröffentlichten Erzählung
Der Gefangene im Kaukasus hat diese Neigung ihren deutli-
chen Niederschlag gefunden. Dem Verlauf der Erzählung
bis zur Gefangennahme der Titelfigur liegt eine vom Autor
miterlebte Episode zugrunde, ein Überfall von Tschetsche-
nen auf russische Offiziere im Jahr 1852. In den Grundlinien
der Fabel ist eine Beziehung zu Puschkins gleich betitelter
Verserzählung erkennbar.

Zwei Offiziere, Kostylin und Shilin, geraten in Gefangenschaft. Der erstere ist Shilin als Kontrastfigur gegenübergestellt und verstärkt dadurch den Eindruck des heldi-
schen Wesens seines Kameraden. Aus dessen Sicht werden
das exotische Milieu des Tatarendorfs und die Landschaft
geschildert; das Tatarenmädchen Dina, das beim zweiten
und erfolgreichen Fluchtversuch entscheidende Hilfe leistet, tut dies aus einer Hilfsbereitschaft, die mit einer fast
kindlichen Zuneigung für Shilin verbunden ist. Das Werk ist
wenige Jahre nach Beendigung von *Krieg und Frieden* entstanden, doch die Sprache des Erzählers ist eine andere, mit
der des Romans kaum vergleichbar. Sie ist gekennzeichnet
durch das Vorherrschen der Parataxe, der Neben- und nicht
der Unterordnung der Sätze, durch überaus häufigen Gebrauch des Verbs und durch seine Stellung vorwiegend am

Anfang des Satzes, was an die Sprache des Märchens erinnert. Ein syntaktischer Parallelismus, der aus einer Reihung meist kurzer rhythmischer Einheiten besteht, hat einen hämmernden Rhythmus zur Folge und scheint dem Zustand des Getriebenseins zu entsprechen, in dem sich der lebenskräftige, listenreiche Shilin ständig befindet. In der Übersetzung können manche dieser sprachlichen Eigenheiten nur schwer adäquat wiedergegeben werden.

Vom *Gefangenen im Kaukasus* lassen sich Parallelen sowohl zu den Volkserzählungen der achtziger Jahre ziehen, die nicht zuletzt von dieser Erzählung und von dem Sammelband *Asbuka* ausgegangen sind, wie auch zu *Hadschi-Murat*, worin ebenfalls in der fast protokollarischen Weise eines chronikartigen Berichts ein heroisches Thema entfaltet wird.

Während sich Tolstoj 1868 im Russischen Archiv (Russkij Archiv) über die literarische Gattung von *Krieg und Frieden* in dem Sinn äußerte, daß es sich dabei nicht um einen Roman, noch weniger um ein Epos und auch nicht um eine Chronik handle, sondern um das, was er in der Form, in der das Werk geschaffen wurde, hervorbringen wollte und konnte, stand für ihn schon beim Beginn der Niederschrift von *Anna Karenina* fest, daß dies ein Roman werden sollte.

Wenn die Zugehörigkeit zur Romangattung in erster Linie auf eine geradlinige Handlungsführung, auf eine kunstvolle Verflechtung der Nebenfabeln in den Strang der Hauptfabel gegründet ist, kann jene These als die richtige gelten, nach der *Anna Karenina* eher denn *Krieg und Frieden* als Roman im strengen Sinn des Worts angesehen werden darf. Die Haupthandlung wird bis zu dem durch den Tod der Titelheldin gesetzten Ende geführt. Parallel dazu läuft freilich, mit Lewin als Mittelpunkt, ein zweiter Handlungsstrang, durch den der Gang der ersten Handlung zeitweise verdeckt wird.

In dem 1875 – 1877 erstmals veröffentlichten Werk schildert der auktoriale Erzähler Begebenheiten, die in der Zeit um 1870 anzusetzen sind. Der Schriftsteller K. Leontjew (1831 – 1891) zog einen bemerkenswerten Vergleich zwischen *Krieg und Frieden* und *Anna Karenina*; er betonte, daß in dem ersteren Roman die allgemeine Stimmung bei weitem nicht so genau dem Geist und Stil des Lebens von 1812 entspreche wie in *Anna Karenina* Geist und Stil der dem Autor zeitgenössischen Epoche zum Ausdruck komme (Leontjew, 1911, S. 35, 75).

Vor dem Hintergrund der gesellschaftlichen, wirtschaftlichen und politischen Verhältnisse, die sich in Rußland nach den Reformen der sechziger Jahre herausgebildet haben, werden Szenen vorgeführt, in denen die Geschicke dreier Adelsfamilien zutage treten, der Schtscherbazkij-Lewins, der Karenins und der Oblonskijs. Anna Karenina ist mit einem hohen Beamten verheiratet, den sie nicht liebt und der, außerstande sich in ihr seelisches Leben einzufühlen, in erster Linie auf seine Karriere bedacht ist. Zwischen ihr, deren ungewöhnliche Schönheit immer wieder hervorgehoben wird, und dem einer reichen Aristokratenfamilie entstammenden Offizier Graf Wronskij entsteht eine Liebesbeziehung, die zur glühenden Leidenschaft wird und die Anna sich über alle Bedenken, auch über die Rücksicht auf den von ihr innig geliebten Sohn hinwegsetzen und Ehebruch begehen läßt. Sie schreckt davor zurück, sich um die Scheidung ihrer Ehe zu bemühen, als sie erkennen muß, daß dies die Trennung von ihrem Sohn bedeuten würde. Wronskij verläßt den Dienst, um als Gutsherr tätig zu werden; er hofft, daß ihm durch die Eheschließung mit Anna ein Sohn und Erbe für seinen Besitz geschenkt werde. Es kommt aber nicht zu einer echten inneren Übereinstimmung zwischen ihnen. Wronskij fürchtet, infolge des Liebesverhältnisses seine männliche Selbständigkeit einzubüßen, Anna glaubt zu erkennen, daß seine Liebe zu ihr erkaltet. Zwar ist sie schließlich sogar bereit, auf ihren Sohn zu verzichten, doch ist sie über die Entfremdung zwischen ihr und Wronskij so erschüttert, daß sie den Tod sucht und sich unter den Waggon eines fahrenden Eisenbahnzugs wirft.

Als Parallelhandlung und zugleich in scharfem Gegensatz zum ersten Handlungsstrang wird Konstantin Lewins hindernisreicher Weg zur Ehe mit Kitty Schtscherbazkaja und beider trotz einiger Krisen harmonisches Familienleben dargestellt. Die Ehe des ungeistigen, ganz den materiellen Dingen, dem Lebensgenuß zugewandten Stepan Oblonskij, des Bruders von Anna und späteren Schwagers von Lewin, ist wegen seines Verhaltens gestört. Mit der Beschreibung der charakterlichen Eigenschaften Lewins, seiner ehelichen Beziehungen, seines Suchens nach Wahrheit, nach dem Sinn des Lebens sind zweifellos autobiographische Elemente in den Roman eingegangen. Sie dürften sogar im Familiennamen dieser Gestalt zu finden sein; er ist offenbar von Lew abgeleitet, und er würde in diesem Fall Ljowin lauten, denn Tolstoj selbst hat seinen Vornamen nach der volkstümlichen Art mit Ljow ausgesprochen (Gusew, 1963, S. 296). Sophie Behrs ist in Kitty Schtscherbazkaja widergespiegelt.

Es sind von Lewin gewichtige Aussagen über die Bauernfrage zu vernehmen, die für Tolstoj von den fünfziger Jahren an bedeutsam war und ihn stets auch unter moralischen Gesichtspunkten beschäftigte. Das im Roman (vgl. III, 31) beschriebene Sterben von Lewins Bruder Nikolaj ist dichterische Gestaltung des Todes von Tolstojs Bruder Nikolaj an Tuberkulose am 20. September 1860, ein Ereignis, das tief und nachhaltig auf ihn gewirkt hat.

Mit dem siebten Teil, dem vorletzten, in dem vom Tod der Titelheldin berichtet wird, ist zwar die Entfaltung der eigentlichen Fabel zu ihrem Ende gekommen; doch wird die Handlung im achten Teil weitergeführt. Wronskij meldet sich, innerlich gebrochen, als Freiwilliger zum russisch-türkischen Krieg; aus dem Kreis der Familie Lewins werden Szenen gezeigt, die für die dem Leben eigenen unzerstörbaren Kräfte sinnbildlich zu sein scheinen. In Lewin, der sich bisher für unreligiös gehalten hat, geht ein Wandel vor sich.

Zwar wird das Geschehen von einem auktorialen Erzähler vorgebracht, doch herrscht auf weite Strecken hin die personale Erzählsituation vor, sei es, daß sie durch die Romanszene, den Dialog gegeben ist oder durch die Darstellung von Bewußtseinsvorgängen in einzelnen Romanpersonen. Da eine Erzählzeit von etwa zweieinhalb Jahren umfaßt wird und die Romanszenen sich nur auf knappe Zeitspannen als jeweils sogenannte erzählte Zeit erstrecken können, werden größere oder kleinere Zeiträume gerafft angezeigt oder übersprungen. Aus der Untersuchung des Faktors Zeit in diesem Roman geht außerdem hervor, daß in beiden Strängen ein jeweils eigenes Zeitschema anzunehmen ist, daß, mit anderen Worten, zeitliche Bezüge nur innerhalb der jeweiligen Romanhandlung gelten. Dabei zeigt es sich, daß in sechs von sieben Teilen des Romans dem Leben Annas ein zeitlicher Vorsprung vor Lewins Lebensgang gegeben ist, ein Umstand, der beim Leser die Vorstellung hervorrufen kann, daß Annas Leben besonders schnell an eine bestimmte Grenze gelange. Auch eine größere Zahl von Vorausdeutungen läßt die Erwartung aufkommen, daß dem Leben Annas notwendigerweise ein früheres Ende beschieden sein wird (Batereau, 1971, S. 1 – 19).

Die Vorausdeutungen sind nur zu einem ganz geringen Teil Aussagen des primären Erzählers, sie sind überwiegend Symbole. Unmittelbar nachdem Anna auf einem Bahnhof Wronskij im Beisein seiner Mutter zum erstenmal getroffen hat, wird ein Bahnwärter von einem Zug überfahren und tödlich verletzt, ein Vorfall, der Anna sehr erregt und zu der Bemerkung veranlaßt: »Ein schlechtes Vorzeichen« (I, 18). Kurz vor ihrem Tod kommt ihr dies wieder in den Sinn:

»Plötzlich erinnerte sie sich an den Menschen, der am Tage ihrer ersten Begegnung mit Wronskij vom Zug überfahren worden war. Jetzt wußte sie, was sie zu tun hatte. Mit schnellen, leichten Schritten stieg sie die niedrigen Stufen hinunter, die von der Wasserpumpe zu den Gleisen führten, und blieb unmittelbar neben dem Zug stehen, der an ihr vorbeirollte« (VII, 31).

Sie wird also durch diese Erinnerung endgültig bewogen, freiwillig in den Tod zu gehen, womit sie Wronskij bestrafen und sich von allem und von sich selbst befreien will.

78

Auch der Tod der Stute Frou-Frou, der auf eine als unverzeihlich bezeichnete Ungeschicklichkeit Wronskijs beim Rennen zurückzuführen ist, zählt zu den Symbolen in diesem Roman. Karenin hat Anna auf der Tribüne beobachtet und ihre Verzweiflung im Augenblick von Wronskijs Sturz bemerkt. In der darauf folgenden Auseinandersetzung mit ihrem Gatten läßt Anna jede Rücksicht fallen und bekennt ihre Liebe zu Wronskij (II, 29). Die Handlung ist damit in ein neues Stadium getreten.

Wronskij sieht im Traum das Bild Annas und zugleich das eines kleinen verschmutzten Bauern vor sich, der sich bückt und plötzlich sonderbare französische Wörter sagt (IV, 2). Kurz darauf berichtet ihm Anna von einem Traum, den sie vor längerer Zeit hatte und bei dem ihr ebenfalls ein Bauer mit zerzaustem Bart erschien; dieser habe ihr Schrecken eingejagt, habe sich über einen Sack gebückt, mit seinen Händen darin gewühlt und gemurmelt: »Il faut le battre le fer, le broyer, le pétrir« (man muß das Eisen schlagen, zerstoßen, formen). Noch im Traum wird ihr gesagt, sie werde an der Geburt sterben (IV, 3). Im Wachzustand hat sie das Bild eines kleinen, unheimlichen Mannes schon vorher gesehen. Er könnte als der »böse Geist« zu deuten sein, der sich im Rahmen von Annas und Wronskijs Liebesbeziehung herausgebildet hat und die beiden schließlich zum Haß gegeneinander bringt (Busch, 1966, S. 27).

Das Licht erscheint als das Symbol des Lebens, Dunkelheit steht für den Tod. Das Empfinden Annas, über physische und geistige Kräfte in Fülle zu verfügen, drückt sich im Glanz ihrer Augen aus, und in der Beschreibung ihrer ersten Begegnung mit Wronskij findet sich der Satz: »Sie suchte zwar den Glanz ihrer Augen gleichsam zu dämpfen, aber sie leuchteten auch gegen ihren Willen« (I, 18; Eremina, 1983, S. 156). Die Beschreibung von Annas Selbstmord bringt das Symbol der erlöschenden Kerze; für Ejchenbaum, der gerade auf diese Einzelheit hinweist, hat das Prinzip der künstlerischen Symbolik, das *Anna Karenina* von *Krieg und Frieden* unterscheidet, im Romangefüge wie auch in Details sei-

nen Ausdruck gefunden (Ejchenbaum, 1960, S. 218). Und
die Schilderung der letzten Augenblicke Annas enthält wiederum auch das Bild des unheimlichen Mannes. Der siebte
Teil (VII, 31) endet:

> »Herr, vergib mir alles! flüsterte sie, da sie spürte, daß sie sich nicht
> mehr wehren konnte. Der alte Mann murmelte vor sich hin und be-
> klopfte die Räder und eisernen Schrauben. Die Kerze, in deren Schein
> sie das von Unruhe, Täuschungen, Kummer und allem Bösen erfüllte
> Buch ihres Lebens gelesen hatte, strahlte heller auf denn je, beleuchtete
> noch einmal alles, was bisher in undurchdringlichem Dunkel für sie
> gelegen hatte, knisterte, wurde schwächer und erlosch für immer.«

Wenn U. Busch mit Recht die Symbole und symbolischen
Ereignisse, – wie gerade das Bild der aufflammenden und
verlöschenden Kerze – als bedeutsam für die Deutung von
Anna Karenina ansieht, so will er dabei auch die unauffälli-
gen thematischen und stilistischen Symbole einbezogen wissen, die zunächst für realistische Details gehalten werden
könnten: »kleine, geschickte, magische Hände«, »leichte,
entschiedene Schritte« ... Symbolik des Ausdrucks ist in bestimmten Bewegungen der Augen wahrzunehmen. Dessen
wird sich Annas Schwägerin Dolly bewußt:

> »... und dachte plötzlich, Gott weiß warum, an Annas sonderbare Ge-
> wohnheit, ihre Augen zuzukneifen. Und sie erinnerte sich, daß Anna
> gerade dann die Augen zusammengekniffen hatte, wenn von ihren tief-
> sten Empfindungen die Rede war. Es ist ja geradezu so, als schlösse sie
> die Augen vor ihrem Leben, als wollte sie nicht alles sehen, dachte
> Dolly« (VI, 21).

In der Schilderung der Liebesbeziehung zwischen Anna und
Wronskij als echter, großer Leidenschaft steht Tolstoj unter
dem Einfluß Schopenhauers. Dieser bezeichnet in seiner
»Metaphysik der Geschlechtsliebe« die überwältigende
Macht des Geschlechtstriebs als gleich stark, oft sogar noch
stärker als der Trieb des individuellen Lebenswillens und
hält die Liebesbeziehung zweier Menschen für den Aus-
bruch des Urwillens (Müller, 1951, S. 28 f.). Es ist beden-
kenswert, daß die Beziehung zwischen Anna und Wronskij

fast immer als Leidenschaft und nicht als Liebe bezeichnet wird (Busch, 1966, S. 24).

In einem Brief an den Dichter Fet vom 30. 8. 1869 äußert sich Tolstoj mit begeisterten Worten über Schopenhauer. Die Einflüsse des Philosophen, die in *Anna Karenina* und auch in späteren Werken zu erkennen sind, sind vielfältig. So werden die Auffassungen über das Wesen des Künstlertums, die in Teil V des Romans in den Gesprächen Annas und Wronskijs mit dem russischen Maler Michajlow vorgebracht werden, auf die Einwirkung Schopenhauers zurückzuführen sein. Michajlow wird dem in der Malerei dilettierenden Wronskij als echter Künstler gegenübergestellt. Ferner ist darauf zu verweisen, daß die im Verlauf des Romangeschehens erfolgende geistige Entwicklung Lewins Berührungen mit Schopenhauers Kritik des Rationalismus zeigt.

Zu der umstrittenen Deutung des Mottos »Die Rache ist mein, Ich will vergelten« (Altes Testament, 5. Mose 32, 35 und Paulus' Römerbrief 12, 19) meint Ejchenbaum, daß für Tolstoj, der sich auf Schopenhauers Ethik stützt, Anna und Wronskij schuldig werden, da sie sich von einem eng verstandenen »Urwillen« leiten lassen und in diesem Sinn Knechte der Leidenschaft, des Egoismus sind (Ejchenbaum, 1960, S. 203). Sie seien schuldig vor dem Leben, vor dem »ewigen Gericht«. Ansprechend ist Buschs These, daß Anna selbst – nicht die Leidenschaft als solche und nicht die Gesellschaft – die Schuld an ihrem Verderben trägt; Anna läßt sich von ihrem Lebenswillen treiben, anstatt ihn geistig zu lenken, und unterwirft sich, um ihn zu befriedigen, mehr und mehr dem »bösen Geist« der Lüge und des Betrugs und schließlich des Kampfes und der Rache (Busch, 1966, S. 28). In der sowjetischen Literaturforschung wurde, gemäß der vom sozialistischen Realismus bestimmten Richtung, von einem »Sozialproblem-Roman« gesprochen, Lewin und die »Gesellschaft der großen Welt« als unüberwindliches Hindernis für Annas Liebe zu Wronskij hingestellt. Es gibt in *Anna Karenina* wohl Gesellschaftskritik, doch ist sie nicht das Thema (Busch, 1966, S. 13, 35).

Übrigens dürfte die Wahl des Mottos durch die Hochschätzung des Autors für Schopenhauer entscheidend beeinflußt worden sein. In einem heute schwer zugänglichen, von ihm selbst dann nicht mehr erwähnten Aufsatz hat es Ejchenbaum 1935 als sehr wahrscheinlich bezeichnet, daß das Zitat nicht aus der Bibel genommen wurde, sondern daß eine Stelle in Paragraph 62 von *Die Welt als Wille und Vorstellung*, 4. Buch, zugrundeliegt. Die Einsicht in Vorarbeiten Tolstojs brachte Ejchenbaum zu dieser Erkenntnis. Die Stelle, die gerade hinsichtlich der Intentionen des Dichters sehr bemerkenswert ist, lautet:

>»Kein Mensch aber hat die Befugnis, sich zum rein moralischen Richter und Vergelter aufzuwerfen und die Missetaten des anderen durch Schmerzen, welche er ihm zufügt, heimzusuchen, ihm also Buße dafür aufzulegen. Vielmehr wäre dieses eine höchst vermessene Anmaßung, daher eben das Biblische:›Mein ist die Rache, spricht der Herr, und ich will vergelten‹« (B. Ejchenbaum in Literaturnyj sovremennik 11, S. 134 – 149, zit. nach Baer, 1978, S. 228 ff.).

Die Verwendung von Symbolen in *Anna Karenina* läßt Tolstoj, wie das schon Mereschkowskij beobachtet hat, nicht als ausgesprochenen »Realisten« oder gar als Naturalisten erscheinen. Vielmehr hat er, wie Puschkin, Gogol und Dostojewskij, hier bereits Darstellungsmittel gebraucht, die um 1900 von den Symbolisten als Zweck der Kunst selbst eingesetzt wurden. In keinem anderen Werk hat Tolstoj diese Mittel so bedacht und folgerichtig verwendet (Busch, 1966, S. 30). Die Symbolisten hat er später bekämpft, sie aber haben nach der Jahrhundertwende viel dazu beigetragen, das Verständnis für seine Dichtung zu fördern.

Unlängst wurde *Anna Karenina* mit beachtenswerten Argumenten als Beispiel für den Doppelroman der sogenannten Übergangsform (nach dem Modell von Frank C. Maatje, *Der Doppelroman*. 2. Aufl. Groningen 1968) herausgestellt. Vorausgegangen war eine Vielzahl von Diskussionen über die Frage der Mehrsträngigkeit bzw. eines Parallelismus im Aufbau von *Anna Karenina*. Maatje gibt bei der Aufzählung der Merkmale des Doppelromans unter anderem an, daß die einzelnen Haupterzählstränge in hohem Maß selbständig seien, daß aber die eine Handlungseinheit dennoch aus der Sicht der anderen heraus erzählt werde (Wedel, 1978). Der Umstand aber, daß in der Lewin-Handlung Symbole und symbolische Ereignisse fehlen, ist im Zusammenhang damit zu sehen, daß die Erzählung über Lewin und Kitty einen offenen Schluß, das heißt kein Ende hat und damit auch nicht Entfaltung eines Themas ist. Sofern in der Geschichte dieser beiden Romanfiguren Symbole erscheinen, sind sie nicht der Gegensatz zum Ablauf der Ereignisse um Anna und Wronskij; dieser stellt den eigentlichen Hauptstrang dar, insofern als er, mit Symbolen durchsetzt, in sich geschlossen ist, ein Ende hat. Den Kontrast zu ihm bildet der andere Erzählstrang als Nebengeschichte ohne Ende; gegensätzlich in diesem Sinn ist zum Beispiel die anfänglich unglückliche Liebe Lewins zu Kitty und der Anfang der Beziehung Annas zu Wronskij (Busch, 1966, S. 29).

Über die Persönlichkeit der Heldin Tolstojs im Unterschied zum Charakterbild der Frau in Turgenjews Romanen wurde oben (S. 68) gesprochen. Kurljandskaja faßt treffend zusammen: »Turgenjew schuf die Gestalt der poetischen Jungfrau, die mit Leidenschaft von der bürgerlichen Tat träumt, von der tätigen Bekundung ihrer sittlichen Energie, und die ihre Liebe dem zuwendet, der auf die zentrale Frage ihres Lebens, auf die Frage, wie Gutes zu tun sei, zu antworten in der Lage ist« (Kurljandskaja, 1972, S. 72).

Hierzu bildet der Charakter der weiblichen Erzählpersonen in Tolstojs Romanen einen scharfen Gegensatz. Dies soll anhand zweier Szenen gezeigt werden:

Kitty Schtscherbazkaja kommt das geistige Wesen des Menschen für Augenblicke deutlich zum Bewußtsein. Es wird von ihr gesagt (die Szene spielt in Bad Soden), sie habe in Hülle und Fülle das, was Warenka fehle, »eine verhaltene Lebensglut und das Bewußtsein, anziehend zu sein« (VI, 30). Die neue Umgebung, in der sie lebt, läßt sie erkennen, »daß es außer einem instinktiven Leben, dem sie sich bisher

hingegeben hatte, auch ein bewußtes, geistiges Leben gab«
(IV, 33).

In einer Szene, die als ein ideeller Höhepunkt des Werkes
gelten kann, und wie Mereschkowskij bemerkt hat, aus Dostojewskijs Feder stammen könnte, wird erzählt, wie in Anna während ihrer lebensbedrohenden Krankheit der geistige
Mensch erwacht. Er spricht aus ihr in den an Karenin gerichteten Worten:

> »Sie hielt inne, als müßte sie erst ihre Gedanken sammeln: Ja, fing sie
> an, ja, ja, das wollte ich sagen. Wundere dich nicht über mich. Ich bin
> so wie immer … aber in mir steckt noch eine andere, vor der ich Angst
> habe. Sie hat diesen anderen liebgewonnen und dich gehaßt, aber auch
> jene andere nicht vergessen, die ich früher war. Jene andere bin ich
> nicht. Jetzt bin ich wieder die Ursprüngliche, Richtige, bin ich wieder
> ganz ich selbst. Ich sterbe jetzt, ich weiß, daß ich sterbe …« (IV, 17).

Gesundet, gibt sie sich wieder ihrem Willen, der Leidenschaft, den Wünschen hin, die nicht vom Geist gelenkt werden. Eindringlich hatte die Kranke Karenin und Wronskij,
die anwesend waren, zur Versöhnung aufgefordert, und sie
waren diesem Wunsch sogleich nachgekommen. Als später
in der Beziehung Annas zu Wronskij mehr und mehr Entfremdung aufkommt, wird Entscheidendes im Dialog ver-
schwiegen und im Kontext enthüllt. »… sich entscheiden,
und ich habe mich entschieden«, sind die Worte Annas, die
sie an Wronskij richtet, bevor sie den Raum verlassen will.
Da tritt Jaschwin ein, auf dessen Bemerkung, die beiden
wollten doch schon seit langem verreisen, Anna erwidert:
»Jetzt ist es aber endgültig beschlossen.« Daß diese Antwort
zwar an Jaschwin gerichtet, jedoch Wronskij zugedacht ist,
zeigt der unmittelbar folgende Satz: »Sie sah Wronskij mit
einem Blick in die Augen, der ihm sagte, daß an eine Versöhnung nicht mehr zu denken sei« (VII, 25, vgl. Eremina,
1983, S. 43). Ein Beispiel für Tolstojs Kunst der Gestaltung
des Dialogs.

Wiederum, wie schon in den sechziger Jahren, dient als
wiederkehrendes Motiv der Begriff der »Welt«: die Sphäre,

der geschlossene Bereich, das Milieu, der Kreis, der neben anderen Kreisen, Sphären und Bereichen das Gesamt der dargestellten Welt bildet. In I, 27 wird das große alte Haus, worin Lewin, nach seiner Meinung törichterweise, allein lebt, das ihm aber ein Sinnbild des Lebens der Eltern zu sein scheint, beschrieben:

> »Aber dieses Haus bedeutete ihm eine ganze Welt, die Welt, in der sein Vater und seine Mutter gelebt hatten und gestorben waren. Sie hatten ein Leben geführt, das Lewin als Vorbild aller Vollkommenheit erschien, und er hatte davon geträumt, dieses Ideal mit seiner Frau und seiner Familie zu erneuern.«

Im achten Teil von *Anna Karenina* wird berichtet, wie Lewins Lebensweg plötzlich unter dem Eindruck der schlichten Aussage eines Bauern in eine neue Richtung führt, zu einer Religiosität, in der der ständig Suchende endlich den wahren Sinn des Lebens gefunden zu haben glaubt; der Sinn »liegt in dem Guten, das ich in jeden Augenblick meines Daseins hineinzulegen vermag«. Mit diesen im inneren Monolog gesprochenen Worten endet der Roman.

Die Gedanken Lewins, die auch in dieser Episode dichterische Selbstdarstellung des Autors sind, spiegeln einen Umschwung im Denken Tolstojs wider, den dieser selbst einmal auf das Jahr 1877 bezogen (Brief vom 28. Oktober 1884 an seine Frau; Gusew, 1963, S. 430) und in seiner *Beichte*, also in der Form eines Bekenntnisses, beschrieben und begründet hat. Von einer jähen und grundlegenden Wendung in seinen religiösen, geistigen und künstlerischen Anschauungen kann aber nicht gesprochen werden, denn schon von früh an behauptet sich in ihm das ethische Moment neben dem ästhetischen, der Moralismus neben dem Spiel der dichterischen Phantasie. Auf moralischen Prinzipien gründende Reflexion und kunstvolle Gestaltung sind in Tolstojs reifen Dichtungen zu einem unteilbaren Ganzen verflochten.

IX

Ausdruck der inneren Umkehr: *Die Beichte*; Volkserzählungen, eine Art von »narrativer Theologie«: *Wovon die
Menschen leben, Wieviel Erde der Mensch braucht*; die Tier-
fabel: *Der Leinwandmesser*; das »man stirbt« als Thema:
Der Tod des Iwan Iljitsch; die Geschlechtsliebe als verhäng-
nisvolle Leidenschaft: *Die Kreutzersonate, Der Teufel*; die
Flucht aus der Welt: *Vater Sergij*; das Motiv der Selbstaufopferung für den Nächsten: *Herr und Knecht*

Die Beichte, 1879 – 1880 geschrieben, 1882 veröffentlicht,
ohne von der Zensur erzwungene Veränderungen und Kür-
zungen in Rußland aber erst 1906 erschienen, ist für die
Kenntnis der Biographie des Dichters, besonders auch des
Wandels seiner Auffassungen über ästhetische Werte bedeutsam. Im Vergleich mit dem reich entwickelten Stil seiner künstlerischen Werke ist die Sprache des Traktats nahezu monoton, abgesehen von der Wiedergabe einer östlichen
Fabel (Kapitel 4) und der als Traum (Kapitel 16) vorgebrachten bildhaften Schilderung eines Zustands der Verzweiflung
über die Sinnlosigkeit des Daseins. Als die zwei entscheidenden Augenblicke seines Lebens bezeichnet der Autor
den Anblick der Vollstreckung einer Todesstrafe in Paris
(1857) und den Tod des Bruders Nikolaj (1860). Sein Wirken als Künstler erscheint ihm rückblickend als von Ruhm-
sucht, Eigennutz und Stolz bestimmt. Fünfzehn Jahre nach
der Heirat sieht er sich der »Verführung der Tätigkeit als
Schriftsteller, der Verführung riesiger finanzieller Beloh-
nung und des Beifalls« für seine »nichtige Mühe« erlegen
(Kapitel 3). Als das wichtigste Problem der *Beichte* erkennt
G. Ja. Galagan die Frage nach dem Sinn des Lebens der dem
»Stand der Gebildeten« zugehörigen Menschen (Galagan,
1979, S. 210).

Schon im Herbst 1868 faßte Tolstoj den Plan zur Zusam-
menstellung der *Fibula* (Asbuka). Sie war gegen die grundlegenden Methoden und Grundsätze der neuen Pädagogik ge-

richtet. Dem System des Verstandes wollte er das System des Glaubens gegenüberstellen, dem der Wissenschaft das System des Instinkts und der Phantasie (Ejchenbaum, 1960, S. 40). Gleichzeitig war das Buch eine Sammlung literarischer Materialien und Studien. Wenn die Kritik beklagte, daß darin die »vorbildlichen Schriftsteller« (Gogol, Turgenjew und andere) keinen Platz gefunden hätten, so übersah sie, daß Tolstoj auch gegen die literarischen Traditionen ein Zeichen setzen wollte (Ejchenbaum, 1960, S. 74 f.).

Die Fabeln Äsops, die Märchen und die kurzen Erzählungen über einfache Themen waren für Tolstoj Versuche im Umfeld neuer Genres und eines neuen Stils. Er wendet sich in *Asbuka* der Antike, den griechischen Klassikern, dem altrussischen Schrifttum, der russischen Folklore zu. In den achtziger Jahren begann er mit der Abfassung seiner Volkserzählungen, und er schuf damit in einem gewissen Grad eine neue Folklore (Ejchenbaum, 1960, S. 85). Im nämlichen Jahrzehnt erarbeitete er eine dreibändige Evangelienharmonie, eine Übersetzung und Untersuchung der Evangelien, die in russischer Sprache zunächst in Genf, 1906 in Petersburg erschien. Die *Kritik der dogmatischen Theologie*, 1884 beendet, wurde 1891 in Genf veröffentlicht. Tolstoj gründete die eigenen Thesen in erster Linie auf Gebote der Bergpredigt, von denen das Wort in Matthäus 5, 39 »Ihr sollt dem Bösen keinen Widerstand leisten« für seine Lehre maßgebend werden sollte. Es wird entsprechend der Mahnung, sich dem Bösen nicht mit Gewalt zu widersetzen, in dem Traktat *Worin mein Glaube besteht* (1884) erläutert.

Wovon die Menschen leben (1881), die erste der eigentlichen Volkserzählungen, ist in einem der Sprache des Märchens angenäherten Stil verfaßt, was in der deutschen Übersetzung nicht leicht wiederzugeben ist. Alle acht Mottos sind dem Neuen Testament, dem 1. Brief des Johannes entnommen. In der Form einer modifizierten Parabel wird von einem armen Schuster erzählt, der einen jungen Menschen vor dem Tod durch Erfrieren rettet und ihn in seinem Haus aufnimmt. Es zeigt sich, daß dies ein Engel ist, der Strafe erleiden muß. Liebe ist es, wovon die Menschen leben, dies soll mit der Erzählung ausgedrückt werden.

Wieviel Erde der Mensch braucht (1885) läßt den Teufel als Anstifter des Bösen wirken. Für den Bauern Pachom beginnt das Unheil, als er Widerstand gegen Bedrängnis seitens der Nachbarn leistet. Seine Gier nach Land veranlaßt ihn schließlich, zu den fernen Baschkiren zu reisen; diese wollen ihm für tausend Rubel so viel Land geben, als er an einem Tag umgehen kann. Seine Habgier jedoch führt ihn auf einen so weiten Umkreis, daß die durch die Vereinbarung gegebene Notwendigkeit, vor Sonnenuntergang zum Ausgangspunkt zurückzukehren, ihn zuletzt zu höchster Eile zwingt und damit seinen Tod herbeiführt. Das Sujet für die Baschkirenepisode dürfte Tolstoj in Herodots Historíēs apodexis (Forschungsbericht), Buch IV, Kap. 7 vorgezeichnet gefunden haben, wo über einen Brauch der Skythen berichtet wird. Er hatte noch in späten Jahren das Griechische erlernt.

Den literarischen Erzeugnissen der sogenannten Narodniki (Volksfreunde, Populisten) ein inhaltlich und formal anderes Schrifttum entgegenzusetzen, sah Tolstoj in den achtziger Jahren neben anderem als die Aufgabe seiner Volkserzählungen und –legenden. Es war ihm an ihrer Verbreitung in weiteste Kreise gelegen. Sie zeigen, Tolstojs innerer Wende entsprechend, eine religiös-belehrende Tendenz, sind der Form nach modifizierte Parabeln, womit auf das Genre von *Drei Tode* zurückgegriffen wurde. Manchen dieser kleinen Werke sind mit der gedrängten Darstellung, mit einem bei aller Einfachheit kunstvollen Stil gewisse ästhetische Werte eigen, und zwar namentlich dann, wenn aus der Sicht eines Bauern erzählt und die kraftvolle bäuerliche Sprache verwendet wird. Als Beispiel dafür kann *Die Kerze* (1885) dienen, eine Erzählung, die der Autor aus dem Mund eines Bauern gehört und niedergeschrieben hat (Tschitscherin, 1977, S. 267).

Die genannte Tendenz freilich läßt den Widerstreit zwischen dem Streben des Predigers und dem des erzählenden

Künstlers offenkundig werden, ein Problem, das man neuestens mit dem Hinweis auf die »narrative Theologie« angehen will. Wenn der Theologe J. B. Metz meint: »Ohne die Möglichkeit, religiöse Erfahrung erzählend zu artikulieren, würden die traditionellen theologischen Begriffe und Dogmen, die selbst als zu Formeln geronnene Erzählungen anzusehen sind, leer und nichtssagend werden« und sich dabei auf literarische Geschichtenerzähler, auf J. P. Hebel, Martin Buber und Bert Brecht beruft, so hätte er auch Tolstoj in diese Reihe stellen können (Gesemann, 1982; Wacker, 1977). Die Frage, inwieweit dieser als Erzieher zum Religiösen wie auch als Erzähler den geltenden Ansprüchen gerecht wird, wird nur jeweils bei der Erörterung eines einzelnen Stückes zu beantworten sein.

In seiner Lebenshaltung hat Tolstoj der mit seiner inneren Umkehr verbundenen Forderung nach Abkehr von Luxus und Standesdünkel, nach Einfachheit bis zur Armut, nach Natürlichkeit zu entsprechen versucht. Er wollte für seine Person allem entsagen, was ihm irgendwie der Bequemlichkeit zu dienen schien. So verwendete er statt des Wagens als einer der ersten in Rußland oft das Fahrrad. Er scheute vor körperlicher Arbeit nicht zurück. Er ernährte sich strikt vegetarisch und war davon überzeugt, daß er sich damit bis ins hohe Alter frisch und gesund erhalten habe (E. Zabel, L. N. Tolstoj, 1901, S. 135 f.). Der 1891 geschriebene lange Aufsatz *Die erste Stufe* (Pervaja stupen') war als Vorwort der russischen Übersetzung des Buchs *The Ethics of Diet* (London 1883) von Howard Williams gedacht.

Die Erzählung *Der Leinwandmesser. Geschichte eines Pferdes*, in der ersten Fassung bereits 1863 vollendet, aber erst 1885 veröffentlicht, ist das erste künstlerische Werk Tolstojs für »intelligente Leser«, das den Auffassungen gemäß war, welche er nach seiner inneren Wandlung vertrat. Unter anderem hat er das letzte Kapitel, worin der Tod des Pferdes und des Fürsten Serpuchowskoj geschildert wird, neu geschrieben (Gusew, 1970, S. 483 f.).

Eine formale Eigenheit, die schon im vierten Teil von

Drei Tode zu finden war, wird zum bestimmenden Verfahren: die Metapher. Der auktoriale Er-Erzähler beschreibt Leben und Treiben von hundert Pferden in einem Gestüt, verwendet dabei aber ständig Wörter, besonders Verben, die einer anderen Bedeutungsebene, nämlich der des Menschen zukommen. Von einer jungen Stute wird gesagt:

> »Ganz zuletzt beschloß sie, dem stichelbraunen Pferdchen, das weit weg im Roggenfeld hinter dem Fluß vor einem bäuerlichen Hakenpflug ging, den Kopf zu verdrehen.« »Aber dem stichelbraunen Pferdchen wurde süß und traurig zumute...«

Ein alter scheckiger Wallach hebt sich heraus, indem er etwas tut, was die übrigen Pferde veranlaßt, unbeweglich, in tiefem Schweigen auf ihn zu hören. Der Erzähler läßt ihn in den Kapiteln fünf bis neun in fünf Nächten die Geschichte seines Lebens als Ich-Erzählung vortragen. Das einst berühmte Fahrpferd, wegen seines ausgreifenden, sozusagen Leinen messenden Gangs im Volksmund Leinwandmesser genannt, blickt auf eine bewegte Vergangenheit zurück. Die Verachtung durch die Menschen, verursacht durch seine Scheckigkeit und anderes Ungemach, läßt in ihm Gedanken über die Ungerechtigkeit, besonders aber über die verschiedenen Eigenschaften »jener sonderbaren Tiere« aufkommen, »mit denen wir so eng verknüpft sind und die wir Menschen nennen«. Der Wallach ist somit samt den um ihn versammelten Pferden auf eine Ebene mit den Menschen, zusammen mit ihnen in eine Gemeinschaft der Lebewesen gestellt, und er sinnt über die moralischen, nach Tolstojs rousseauisch getöntem Sprachgebrauch natürlichen Gesetze nach, die für alle gelten oder gelten sollten.

Mit der Metapher ist hier das Verfahren der Verfremdung, der Blick von der Seite her verbunden. Die ihm sonderbar vorkommende Verwendung des Eigentumsbegriffs, die im Gebrauch der besitzanzeigenden Fürwörter »mein«, »dein« usw. sich ausdrückt, läßt im Wallach die Überzeugung reifen, »daß darin der wesentliche Unterschied zwischen uns und den Menschen besteht«. Und er behauptet, «daß wir auf der Leiter der Wesen höher stehen als die Menschen; die Handlungen der Menschen, wenigstens derer, mit denen ich verkehrt habe, wurden durch Worte bedingt, unsere jedoch durch die Sache.«

Neben Gedanken Rousseaus ist eine Anspielung auf Proudhons Wort »La propriété c'est le vol« (Eigentum ist Diebstahl), das allerdings nur auf Zins und Grundrente bezogen war, zwischen den Zeilen zu lesen. Der Er-Erzähler nimmt den Faden der Geschichte wieder auf, gewissermaßen um den vom Wallach eingeleiteten Gedanken fortzuführen. Fürst Serpuchowskoj, bei dem der Leinwandmesser seine schönste Zeit verbracht hat, besichtigt das Gestüt, ohne den Schecken zu erkennen. Sein Leben in Reichtum und Prasserei war für die anderen nur eine Last, der Wallach aber, dessen Ende durch den Pferdeschlächter und dann als Beute hungriger Wölfe in naturalistischer Weise geschildert wird, hat sogar noch als Kadaver anderen Lebewesen Nutzen gebracht.

Stilistisch bemerkenswert ist ein längerer Abschnitt aus dem Bericht des Wallachs (Kapitel 8), der im historischen Präsens gehalten ist, die Form der Gegenwart wird beim Erzählen von Vergangenem gebraucht. Damit wird ein besonderer Grad von Spannung erreicht. Bei genauer Wiedergabe dieses Stilmittels in der Übersetzung würde die Stelle lauten:

»Angeschirrt wird man am Ausgang der Remise. Dann kommt Feofan heraus, im Hinterteil breiter als in den Schultern, mit einem roten Gürtel unter den Armen, wirft einen Blick auf das Geschirr, setzt sich hin, ordnet seinen Kaftan, schiebt den Fuß in den Steigbügel…«

Der Leinwandmesser ist eine der Erzählungen, in denen das umfassende Wissen über das Pferd und die Pferdezucht zutage tritt, über das der passionierte Reiter Tolstoj verfügte.

In der Novelle *Der Tod des Iwan Iljitsch* (1886) geht es um das Sterben eines in der Gesellschaft, der er sich angepaßt hat, hoch geachteten Mannes. Der Aufbau der Novelle ist durch die Besonderheit gekennzeichnet, daß zunächst der

auktoriale Erzähler verschiedene Erzählpersonen vom Tod
des Richters Iwan Iljitsch berichten läßt, daß die Witwe über
die Art seines Sterbens spricht und der aufgebahrte Leichnam beschrieben wird. Dann aber folgt, beginnend mit dem
Satz: »Iwan Iljitschs Lebenslauf war der allereinfachste,
allergewöhnlichste und allerfurchtbarste« die Schilderung
der Vergangenheit des Titelhelden bis hin zu seinem Tod. In
dem ehrgeizig und zielstrebig zu einflußreicher Stellung
Drängenden verkümmert das Gefühl der Mitmenschlich-
keit. Der Entfremdung von der Familie widersetzt er sich
nicht, seiner Tätigkeit im Amt wendet er sein ganzes Interesse zu:

> »Das Bewußtsein seiner Macht, die Möglichkeit, jeden Menschen zu
> vernichten, den er vernichten wollte, selbst die äußerliche Wichtigkeit,
> die er beim Betreten des Gerichtsgebäudes und der Begegnung mit
> Untergebenen an den Tag legen konnte, sein Erfolg bei Vorgesetzten
> und Untergebenen und hauptsächlich seine Meisterschaft in der Pro-
> zeßführung, die er voll empfand – alles das freute ihn und füllte zusam-
> men mit den Unterhaltungen mit seinen Kollegen, den Mittagstafeln
> und dem Whistspiel sein Leben aus, so daß Iwan Iljitschs Dasein im
> großen und ganzen so dahinfloß, wie es seiner Ansicht nach dahinflie-
> ßen mußte: angenehm und anständig.«

Das »angenehm und anständig«, in diesem Kontext mit
leichtem Spott überzogen, wirkt durch mehrmalige Wiederholung noch stärker ironisierend. Durch einen Sturz zieht
Iwan Iljitsch sich eine innere Verletzung zu, die die Ursache
eines allmählich sich verschärfenden und schließlich als un-
heilbar erkannten Leidens ist. Die ärztliche Kunst, mit nahezu verächtlicher Ironie geschildert, versagt, so daß er sich
gezwungen sieht, die von ihm gewählte, aber nur oberfläch-
lich im Mund geführte Losung »Respice finem« ernstlich zu
bedenken. Er gerät in Verzweiflung, wird sich der Lüge und
Verstellung bewußt, die unter den ihn umgebenden Menschen herrscht, ausgenommen den jungen Bauern Gerasim.
Im inneren Monolog, der wie ein innerer Dialog zu hören
ist, stößt er auf den Grund:

»Vielleicht habe ich nicht so gelebt, wie ich hätte leben sollen? fuhr es ihm plötzlich durch den Kopf. Wie denn nicht, wenn ich doch alles getan habe, was man tun soll, fragte er sich, verscheuchte aber zugleich diese einzige mögliche Lösung des ganzen Rätsels von Leben und Tod, als wäre es etwas ganz und gar Unmögliches« (Werke, Bd. I, Verlag Das Bergland-Buch Salzburg, S. 616 f.).

Die seelischen Qualen, die er erleidet, sind stärker als die körperlichen, sie führen ihn zu einem drei Tage dauernden Schreien und enden erst, als letzte Einsicht über sein Leben in ihm erwacht und damit die Furcht vor dem Tod schwindet.

So stark auch Kritik an der höheren Gesellschaftsschicht anklingt, die sogar in einem bestimmten zeitlichen Rahmen, in den Jahren 1864 – 1882 gesehen wird, so ist doch das eigentliche Thema der Tod. Und Einzelheiten, wie das Wort vom »allergewöhnlichsten« Lebenslauf der Titelgestalt, verstärken den Eindruck des Allgemeinmenschlichen, den die Erzählung hervorruft. In *Sein und Zeit* (§ 51, »Das Sein zum Tode und die Alltäglichkeit des Daseins«) urteilt Martin Heidegger, wohl in Anlehnung an die Novelle:

»Das Man besorgt dergestalt eine ständige Beruhigung über den Tod. Sie gilt aber im Grunde nicht nur dem ›Sterbenden‹, sondern ebenso sehr den ›Tröstenden‹. Und selbst im Falle des Ablebens noch soll die Öffentlichkeit durch das Ereignis nicht in ihrer besorgten Sorglosigkeit gestört und beunruhigt werden. Sieht man doch im Sterben des Anderen nicht selten eine gesellschaftliche Unannehmlichkeit, wenn nicht gar Taktlosigkeit, davor die Öffentlichkeit bewahrt werden soll.«

In einer Anmerkung ist hinzugefügt: »L. N. Tolstoi hat in seiner Erzählung ›Der Tod des Iwan Iljitsch‹ das Phänomen der Erschütterung und des Zusammenbruchs dieses ›man stirbt‹ dargestellt.«

Dieser Novelle kommt auch durch ihr Stilgefüge innerhalb von Tolstojs künstlerischem Gesamtwerk eine hervorragende Stellung zu. Dies liegt besonders an dem Verfahren des Wiederholens und an der Art des Gebrauchs von Abstrakta, Nichtgegenständliches benennender Substantive

(Tschitscherin, 1977, S. 268 f.). In Kapitel 3 wird »Freude«
beschrieben, die der Titelheld zu erleben meint, die aber in
Wahrheit unecht ist, da sie auf Ehrgeiz, Eitelkeit und besonders auf dem Vergnügen am Whistspiel gründe. Das Wort
»Freude« wird dabei sechsmal wiederholt. »Der Blinddarm!
Die Niere! sagte er sich. Hier geht es nicht um den Blinddarm oder die Niere, hier geht es um Leben oder …Tod«
(Kapitel 8). Das Wort Lüge wird innerhalb eines Abschnitts
(Kapitel 7) so oft wiederholt, daß es sich in das Bewußtsein
des Lesers gleichsam einhämmert. Der Eindruck des Mono-
tonen, der durch die Wiederholung entsteht, entspricht dem
eintönigen und sinnwidrigen Lebensweg des Titelhelden.
Abstrakta erweisen sich als besonders bedeutsam und ziehen Gleiches oder Ähnliches aussagende Wörter nach sich,
zu Entfremdung gesellt sich Vereinsamung, Vereinzelung.

>»In der letzten Zeit jener Vereinsamung, in der er sich befand, wenn er,
das Gesicht zur Sofalehne gewandt, dalag, jener Vereinsamung inmit-
ten der belebten Stadt … einer Vereinsamung, die nirgends vollständi-
ger sein konnte … in der letzten Zeit dieser furchtbaren Vereinsamung
lebte Iwan Iljitsch einzig und allein in der Vergangenheit.«

Die Darstellung der Bewußtseinsvorgänge im Helden, der
im Widerspiel seiner Gedanken aufkommenden Erinnerungen, bohrenden Fragen, quälenden Ängste, die kaum merk-
lichen Übergänge von der Rede des Erzählers in die Personenrede zeigen Tolstoj auf der Höhe seiner erzählerischen
Gestaltungskraft.

Die *Kreutzersonate*, nach zweijährigem Mühen des Autors
1889 beendet, ist nicht nur ein Werk der Erzählkunst, sondern enthält, auch abgesehen von dem Nachwort, ein Element der Publizistik, des Manifests, des moralisierenden
Traktats. Sie wurde zunächst 1890 in Berlin veröffentlicht,
in Rußland erstmals 1891 in Band 13 der Gesamtausgabe,
nachdem Tolstojs Frau in einer Audienz bei Alexander III.
die Druckerlaubnis erwirkt hatte.
    Der Ich-Erzähler gibt ein Gespräch wieder, das er im fah-

renden Eisenbahnwagen mit einem ihm vorher unbekannten Mann geführt hat. Äußerlich gesehen ist es also ein Dialog; der Erzähler berichtet über den zum Thema hinführenden Disput unter den Fahrgästen, unterbricht den Erzählverlauf mit kurzen Fragen und Bemerkungen über den sekundären Erzähler, über dessen Gestik, über die Tonart seines Sprechens, über das Aus- und Zusteigen von Reisenden. Insofern der Gesprächscharakter gewahrt wird, liegt eine Rahmenerzählung nicht vor. Ein echter Dialog aber kommt zwischen den beiden nicht zustande, und somit ist vom 3. Kapitel an die *Kreutzersonate* im Grunde der Monolog Posdnyschews über die Geschichte seiner unglücklichen Ehe. Er nimmt das Ende vorweg, indem er zunächst den Fahrgästen mitteilt, er habe seine Frau ermordet, und behauptet zugleich »…In unserer Zeit aber ist die Ehe nichts als – Trug«. Seine weiteren Darlegungen sind von dem Gedanken geprägt, daß »die stärkste, schlimmste und hartnäckigste aller Leidenschaften« »die sinnliche, die geschlechtliche Liebe« sei. Den als Motto gesetzten Spruch des Evangelisten Matthäus 1,28 will er vor allem auf die eigene Ehefrau bezogen wissen.

Die epische Kunst Tolstojs nähert sich in den Erzählungen der achtziger und neunziger Jahre der dramatischen; die gespannte Dramatik der Fabel, die Betonung der ausschließlichen, katastrophenhaften Situation, in die ein ganz gewöhnlicher Mensch gerät, die bis ins einzelne gehende künstlerische Entfaltung gerade dieser einen Episode bei nur flüchtiger Berücksichtigung des vorangegangenen Lebens sind Kennzeichen von *Der Tod des Iwan Iljitsch*, der *Kreutzersonate* und weiterer Werke (Opulskaja, 1979, S. 177).

Der Titel der *Kreutzersonate* ist auf Beethovens gleichnamiges Werk bezogen, das, von Trubatschewskij gespielt, auf Posdnyschew tief gewirkt hat und ihn im Rahmen einer kunsttheoretischen Erörterung feststellen läßt, daß bestimmte Kompositionen bisweilen eine furchtbare Wirkung ausüben. Hier spricht der Kunstphilosoph Tolstoj.

Im Stil fällt die Tiermetaphorik auf. »Als sich ihre Blicke

zum erstenmal begegneten, sah ich, daß das Raubtier, das in beiden lauerte, trotz aller gesellschaftlichen Schranken die Frage stellte...«, gemeint sind Trubatschewskij und die Frau Posdnyschews (Kapitel 21). Dieser beschreibt die glühende Eifersucht, durch die er sich schließlich zum Mord verleiten ließ: »Mir graust, wenn ich an das wilde Tier denke, das damals in meinem Innern lebte« (Kapitel 21); »dieses wilde Tier, die Eifersucht« (Kapitel 26).

Mancherlei äußere Einflüsse sind bei der Niederschrift der *Kreutzersonate* wirksam geworden, so der Brief einer dem Dichter unbekannten Frau vom Februar 1886, die sich Slawjanka, Slawin, nannte; er wird später, als die Erzählung und sogar das Nachwort geschrieben sind, im Tagebuch erwähnt (9. Mai 1890):

> »Viele Gedanken, die ich in jüngster Zeit ausgesprochen habe, stammen nicht von mir, sondern von Menschen, die sich mir verwandt fühlen und sich mit ihren Fragen, Zweifeln, Gedanken und Plänen an mich wenden. Der Hauptgedanke zum Beispiel, oder besser gesagt, das Hauptgefühl der Kreutzersonate stammt von einer Frau, einer Slawin, die mir einen sprachlich zwar komischen, inhaltlich aber sehr bemerkenswerten Brief über die Unterdrückung der Frauen durch die sexuellen Forderungen geschrieben hat. Später war sie bei mir und hat einen nachhaltigen Eindruck hinterlassen.«

In einem Brief an Tschertkow vom 10. April 1889 teilt Tolstoj mit, er habe unerwartete Unterstützung für die von ihm in der *Kreutzersonate* geäußerten Gedanken aus Amerika erhalten. Es seien ihm nämlich Briefe von Mitgliedern der »Shaker« zugegangen. Der Name dieser Sekte, die sich für Ehelosigkeit und Keuschheit einsetzte, wird in Kapitel 11 erwähnt (Opulskaja, 1979, S. 164).

Dieselbe Thematik wie in der *Kreutzersonate* liegt der Erzählung *Der Teufel* zugrunde, die Tolstoj 1889 im Lauf von zehn Tagen schrieb: die geschlechtliche Liebe und die unheilvollen Folgen für den, der sich ihr ergibt. Dasselbe Motto ist vorangesetzt, doch ist es im *Teufel* mit Matthäus 5, 28 – 30 erweitert, und es fehlt Matthäus 19, 10. Das Motto klingt im Text an, der, gewissermaßen die Exemplifizierung dieser Bibelstelle im Sinn des Autors, in den Bereich der erwähnten »narrativen Theologie« gestellt werden könnte.

Wenn Jewgenij Irtenjews Kurzsichtigkeit im Sinn mangelnder Sehkraft vermerkt wird, so dürfte mit der übertragenen Bedeutung dieses Worts eine ungewisse Vorausdeutung gegeben sein; es erweist sich als Torheit, daß er sein Ringen mit der Liebesleidenschaft für Stepanida durch das Eingehen der Ehe mit der feinfühligen Lisa beenden will. Aus der dreimaligen Rettung vor der Gefahr, sich wieder an Stepanida zu verlieren, erwächst für ihn nicht die Kraft zur Umkehr; vielmehr gibt er ihr die Schuld, indem er sie dämonisiert: »Sie ist doch ein Teufel. Geradezu der Teufel. Sie beherrscht mich gegen meinen Willen.« Als einen von drei ihm verbleibenden Auswegen wählt er den Tod aus eigener Hand. In einer zweiten Fassung tötet er Stepanida.

In die Erzählung ist sowohl ein von einem Untersuchungsrichter in Tula berichteter Fall wie auch eigenes Erleben des Dichters verwoben. Sie wurde erst 1912 veröffentlicht; Tolstoj selbst, der sie nicht als abgeschlossen betrachtete, ließ die Drucklegung nicht zu (Opulskaja, 1979, S. 180).

Bereits zu Beginn des Jahres 1890 entstand der erste Entwurf der Erzählung *Vater Sergij*, die 1898 mit Rücksicht auf die Zensur nur teilweise, 1912 vollständig herausgegeben wurde. Ein auktorialer Er-Erzähler berichtet über Ereignisse im Leben des Titelhelden, die im Verlauf von mehr als zwei Jahrzehnten stattgefunden haben. Der junge Offizier Fürst Kasatskij, der auf eine ungewöhnliche Laufbahn am Hof Nikolaus' I. hoffen kann, der vom Streben nach Vollkommenheit und Erfolg beseelt, aber unbeherrscht gegenüber Ausbrüchen seines Jähzorns ist, tritt in ein Kloster ein, nachdem er von Begebenheiten im Vorleben seiner Braut erfahren hat. Der kirchliche Dienst aber wird ihm zur Äußerlichkeit, und als er nach sieben Jahren in ein Kloster der Hauptstadt versetzt wird, lebt er in ständigem innerem Kampf vor allem gegen die Sünde des Stolzes. Schließlich wird er Einsiedler, wird von Armen und Reichen verehrt.

Mit Gebet und Gewalt gegen sich selbst vermag er der mit dem frivolen Schritt einer schönen Witwe an ihn herantretenden Versuchung Herr zu werden. »Mein Gott! sollte es wirklich wahr sein, was ich in den Heiligenleben gelesen habe, daß der Teufel weibliche Gestalt annimmt?« fährt es ihm durch den Sinn. Nach weiteren Jahren in der Einsiedelei

> »fühlte er, wie sich das Innere in Äußerliches verwandelte, wie in ihm der Quell des Lebenswassers versiegte und wie er das, was er machte, mehr und mehr für die Menschen und nicht für Gott machte.«

Eine junge, geisteskranke Frau wird die Ursache seines Fallens, das freilich erzählerisch ungenügend motiviert erscheint. Im Traum verweist ihn ein Engel an die mit ihm verwandte Praskowja, vor der er ein Bekenntnis ablegt. In ihr hat Tolstoj sein religiöses Ideal der Frau gezeichnet, das besonders von der Tugend der Demut bestimmt ist. Als Kasatskij von ihr Abschied genommen hat, um weiter von Dorf zu Dorf zu gehen, sagt er zu sich über sie: »Das also hat mein Traum bedeutet. Paschenka ist also das, was ich hätte sein sollen und nicht bin. Ich habe für die Menschen gelebt unter dem Vorwand, Gott zu dienen, und sie lebt für Gott und bildet sich ein, für die Menschen zu leben.« Schließlich siedelt er sich in Sibirien auf dem Anwesen eines reichen Bauern an, arbeitet in dessen Garten, lehrt die Kinder und pflegt Arme.

Vater Sergij dürfte im wesentlichen unter dem Einfluß russischer Heiligenleben entstanden sein, besonders des »Lebens Jakobs des Fasters«, das für den vierten Tag der *Heiligenleben für den Monat März* (Moskau 1888) angesetzt ist. Beide Erzählungen haben im Aufbau und in Einzelheiten Gemeinsamkeiten (Pletnev, 1933, S. 144 ff.). Tolstoj schrieb im Februar 1891 in einem Brief an Tschertkow über *Vater Sergij*: »Er ist mir sehr teuer. Der Kampf mit der Wollust ist nur eine Episode oder eher eine Stufe; der Kampf gilt hauptsächlich dem anderen – dem weltlichen Ruhm.«

Das strukturelle und ideelle Leitmotiv dieser Erzählung ist die Flucht. Ein Wesenszug jeder Askese, der christlichen wie der pythagoreischen, stoischen, platonischen u. a., ist die Flucht aus der Welt (»fuga mundi«), und stets ist damit das Bestreben verbunden, sich von einem in der Welt bestehenden Übel zu befreien. In dem viermaligen Fliehen des Vaters Sergij – Eintritt ins Kloster, Übergang zum Einsiedlertum, Aufbruch zur Pilgerschaft, Ankunft in Sibirien in völliger Anonymität – ist eine Besonderheit zu erkennen: erst die letzten zwei Etappen, und zwar die Flucht Vater Sergijs als Laie, der sich durch Paschenka belehren läßt, sind positiv gesehen. Es ist dazu zu vermerken, daß Tolstoj weder das russische noch das Kloster im allgemeinen geschätzt hat. Und doch liegt hier die Beschreibung eines Weges zu spiritueller Vollkommenheit vor, die ganz im Rahmen und in den Begriffsformen der christlichen Askese gehalten ist (Graciotti, 1980). Manche Kritiker sahen freilich in der Erzählung trotz der christlichen Vorbilder wenig Christliches, und es wurde sogar geäußert, daß in ihr Züge eines indischen Sadhu zu erkennen seien; der geistigen Welt Indiens stand Schopenhauer nahe, von ihm könnte Tolstoj bei der Darstellung Sergijs angeregt worden sein (Baer, 1978, S. 244 f.).

Neben Werken wie *Der Tod des Iwan Iljitsch*, *Die Kreutzersonate*, *Der Teufel*, *Vater Sergij* ist auch der Novelle *Herr und Knecht* (1894) ein Zug zum Dramatischen eigen. In dem Motiv der Selbstaufopferung für den Nächsten berührt sie sich mit dem Drama *Der lebende Leichnam*.

Der wohlhabende Kaufmann Brechunow, der alle seine geistigen Kräfte auf das Feilschen richtet, verirrt sich, begleitet von dem gutherzigen Knecht Nikita, im Schneesturm. Sie retten sich in ein Dorf, doch befolgt der Kaufmann aus Gewinnsucht nicht die Mahnung, die Nacht dort zu verbringen. Herr und Knecht verfehlen wiederum den richtigen Weg, und nun macht das entfesselte Element ein Entrinnen aus der Schneewüste unmöglich. Brechunows starker Lebenswille drückt sich in seinem inneren Erleben aus, in dem erst die Erkenntnis der wirklichen Gefahr die Umkehr bewirkt:

»Der entgeht mir nicht, sagte er bei sich in demselben prahlerischen Ton, in dem er über seine Ein- und Verkäufe zu prahlen pflegte, und meinte damit den Knecht, den er vorm Erfrieren retten wollte.«

Er setzt dabei das eigene Leben aufs Spiel; Träume, Erinnerungen wallen in ihm auf, und das Wissen um den nahenden Tod gibt seinen Gedanken die Richtung:

»Und er denkt an das Geld, an den Laden, an das Haus, an die Ein- und Verkäufe und an die Millionen Mironows und kann gar nicht begreifen, warum sich dieser Mensch, den sie Wasilij Brechunow nennen, mit alledem beschäftigt hat. Je nun, er wußte eben nicht, worauf es ankommt, dachte er über Brechunow. Er wußte es nicht, ich aber weiß es jetzt. Nun irre ich mich nicht mehr, denn jetzt weiß ich es« (Kapitel 9).

Der »Herr« rettet dem Knecht mit einer uneigennützigen Tat das Leben: er deckt ihn mit seinem Körper zu und wärmt ihn, erleidet aber dabei selbst den Tod durch Erfrieren.

X

Auferstehung – Die Fabel; Charakterisierungen: Nechljudow durch Bewußtseinsschilderung, Katja Maslowa durch
szenische Darstellung; Kritik an Gerichtswesen, Strafvollzug und Lehre der Kirche. *Hadschi-Murat* – Rahmen und
Aufbau, heroisches Motiv, Antithese Hadschi-Murat – Nikolaus I.

Alle Themen der oben genannten größeren Erzählungen
Tolstojs aus den achtziger und neunziger Jahren finden sich
in seinem Roman *Auferstehung*, der, entstanden in den Jahren 1889 – 1899, als letzter großer russischer Roman des 19.
Jahrhunderts 1899 veröffentlicht wurde. Berichtet wird aus
der Sicht eines auktorialen Erzählers, der das Geschehen gemäß den moralischen und sozialen Auffassungen des Autors
selbst nach bestimmten Kriterien beurteilt.

Tolstoj verwertete darin zwei völlig verschiedene Anregungen: Der Jurist Anatolij Fjodorowitsch Koni hatte ihn
im Juni 1887 über einen Fall aus seiner Gerichtspraxis, die
leidvolle Geschichte der Arrestantin Rosalija Onni unterrichtet. Nachdem Tolstoj ihn aufgefordert hatte, daraus eine
Erzählung zu schaffen, erbat er sich von ihm die Erlaubnis,
selbst die sich aus dem Bericht ergebende Fabel verwenden
zu dürfen. Sie wurde zum großen Teil in den Roman übernommen (Opulskaja, 1979, S. 102 f.).

Außerdem hatte der amerikanische Journalist George
Kennan in den Jahren 1885 und 1886 Sibirien bereist, wo er
Gelegenheit fand, mit politischen Gefangenen zu sprechen.
Aufzeichnungen über seine Eindrücke erschienen zuerst in
einer Zeitschrift, 1891 unter dem Titel *Siberia and Exile System* in London als Buch. Tolstoj hat sie aufmerksam gelesen, was aus dem im August 1890 von ihm an Kennan gerichteten Brief hervorgeht. Es gilt als sicher, daß bei der Abfassung von *Auferstehung* sein Gespräch mit Kennan und
dessen Skizzen aus Sibirien nicht ohne Wirkung geblieben
sind (Opulskaja, 1979, S. 47 – 49).

Die Handlung des Romans spielt in den achtziger Jahren des letzten Jahrhunderts, sie erstreckt sich auf den Zeitraum etwa eines Jahrzehnts. Hauptgestalten sind ein junger Aristokrat, Fürst Dmitrij Nechljudow, und die aus unteren Schichten stammende Katja Maslowa. Beide erleben eine »Auferstehung«, eine innere Wandlung zum Religiösen, zu einem innerlich freien, auf die Liebe zum Nächsten gerichteten Leben hin. Die chronologisch nicht immer folgerichtige Darlegung der Beziehungen zwischen ihnen bildet den Handlungsstrang, um den sich eine Fülle von Episoden und Nebenfiguren rankt. Eines der Kennzeichen des Aufbaus ist das häufige Heraufholen der Vorgeschichte der die Handlung bzw. Nebenhandlung tragenden Personen; so bringen die Kapitel 12 – 18 des ersten Teils eine Rückschau auf Beginn und Entwicklung von Nechljudows Liebesverhältnis zu Katja Maslowa. Das Stilmittel des Leitmotivs wird oft verwendet; so wird als Eigenheit der weiblichen Hauptfigur immer wieder eine gewisse Art des Schielens genannt. Als Ausdrucksmittel für die das moralische Moment betonende Thematik erscheint häufig der Kontrast, der, nicht selten überscharf, tendenziöse Züge in dem Roman aufscheinen läßt. Es fehlt fast gänzlich jene Poesie des Lebens, die Tolstojs Werken der früheren Periode, besonders den Romanen zu eigen ist.

Fälschlich eines Verbrechens bezichtigt, wird Katja Maslowa in einer Gerichtsverhandlung, bei der Nechljudow als Geschworener mitwirkt, zu vier Jahren Zwangsarbeit verurteilt. Dabei erkennt er in ihr jene, die er vor zehn Jahren, da sie als unbescholtenes Mädchen im Hause seiner Tanten lebte, verführt und dann verlassen hat. Sie hat sich in ihrer Verzweiflung vom Glauben an Gott losgesagt, ist von einem Unglück ins andere geraten und zur Prostituierten geworden. In Nechljudow wird die Stimme des Gewissens so mächtig, daß ihm das Leben, das er bisher geführt hat, als sinnlos erscheint und er sich entschließt, sein Handeln ihr gegenüber zu sühnen und wiedergutzumachen, mit allen daraus sich ergebenden Folgen. Als wichtiger thematischer

Zug des Werkes hebt sich der Gedanke heraus, das im Menschen oftmals verdeckte geistige Wesen sei das eigentlich Menschliche. So bei der Schilderung von Nechljudows innerem Ringen (I, 28):

>»Du hast ja schon versucht, dich zu vervollkommnen und besser zu werden, und es wurde nichts daraus‹, sprach die Stimme des Versuchers in seiner Seele, ›wozu es also noch einmal versuchen? Nicht du allein, sondern alle sind so – so ist das Leben‹, sprach diese Stimme. Aber jenes freie, geistige Wesen, das allein wahr, allein mächtig, allein ewig ist, war schon in Nechljudow erwacht. Und es war unmöglich, ihm nicht zu glauben. Wie ungeheuer groß die Kluft zwischen dem, was er war, und dem, was er sein wollte, auch sein mochte, dem erwachten geistigen Leben schien alles möglich.«

Nechljudow schreibt ins Tagebuch (I, 36):

»Seit zwei Jahren habe ich kein Tagebuch mehr geführt und dachte, daß ich nie mehr zu dieser Kinderei zurückkehren würde. Aber es war keine Kinderei, sondern eine Unterhaltung mit mir selbst, mit jenem wahrhaft göttlichen Selbst, das in jedem Menschen wohnt. Diese ganze Zeit über schlief dieses Ich, und ich hatte niemanden, mit dem ich mich unterhalten konnte.«

Zu Beginn des zweiten Teils, worin vor allem Nechljudows Bemühungen um eine Revision des Gerichtsurteils geschildert werden, ist der innere Zwiespalt dargestellt, in den er als Gutsherr in der Frage des Landbesitzes gerät. Das autobiographische Element ist hier, auch in Einzelheiten, besonders deutlich zu erkennen, und wie die Titelfigur im *Morgen eines Gutsbesitzers* stößt Nechljudow auf das Mißtrauen der Bauern, deren Wohl er im Auge hat. Im dritten Teil wird er auf seinen Reisen in Sibirien gezeigt, wohin er der Verurteilten gefolgt ist und wo ihm bei Gefängnisbesuchen erschreckende Zustände im Strafvollzug und in der Rechtsprechung vor Augen treten. Er erreicht die Begnadigung Katja Maslowas, nachdem auch sie unter dem Eindruck seines veränderten Wesens den Weg zu einem neuen Leben gefunden hat.

Die Angriffe gegen das Gerichtswesen in Rußland gehen vom Beispiel der Verhandlung im Schwurgericht und im Senat aus, sie führen zu fundamentaler Kritik auch an der russisch-orthodoxen Kirche, zur Verneinung der Offenbarung (Tolstoj wurde daraufhin 1901 aus der Kirche ausgeschlossen). Dem auf Ungerechtigkeit gegründeten Leben der höheren Schichten, die nicht wissen oder nicht bedenken, wie man im Volk, wie man in den Gefängnissen lebt, wird neben anderem das von einer »düsteren Feierlichkeit« geprägte Bild der Gefangenen, der kriminellen und der politischen, auf dem Weg nach Sibirien gegenübergestellt:

> »Überall, wo die Gefangenenabteilung vorüberkam, zog sie eine mit Mitleid und Grauen gemischte Aufmerksamkeit auf sich. Die Passanten blieben stehen und blickten verwundert und erschrocken auf das entsetzliche Schauspiel« (II, 35).

Bei der Darstellung der beiden Hauptgestalten heben sich zwei Verfahren voneinander ab. Nechljudows Innenleben ist nach der Art der vom Dichter in seinen früheren Werken verwendeten Bewußtseinsschilderung geschildert, während Katja Maslowas innere Erlebnisse nicht durch die »Dialektik der Seele«, also innere Monologe, Träume oder Erinnerungen enthüllt werden. Ihr Seelenleben bekundet sich zumeist in der äußeren Erscheinung, im Handeln, in der »Szene«. Die von Tolstoj selbst in der Rückschau getroffene Formulierung, die sich in einem Brief an V. G. Tschertkow vom 5. Mai 1899 findet, »die Hauptsache ist für mich das seelische Leben, das sich in Szenen äußert«, ist hier angebracht. Als Beispiel sei die eindrucksvolle Episode genannt, in der Katja Maslowa vergeblich versucht, Nechljudow an der Bahnstation zu treffen, um ihm mitzuteilen, daß sie ein Kind erwartet (I, 37). Ihre Verzweiflung drückt sich in einem kurzen inneren Monolog aus, den der Erzähler mit den Worten ergänzt: »Von diesem Tage an begann jene seelische Veränderung, die sie zu dem machte, was sie jetzt war.«

Während die Art der Darstellung Nechljudows im wesentlichen von Anfang an die gleiche bleibt, nimmt die Schilderung der Erlebnisse Katja Maslowas in jener, eher dem

Drama eigenen Weise von einer Fassung zur andern mehr Raum ein (Opulskaja, 1961, S. 317 ff.).

Das Verfahren der psychologischen Analyse, das in *Auferstehung* bei der Darstellung der weiblichen Hauptfigur gebraucht wird, das Darlegen des Innenlebens durch szenische Gestaltung, ist im großen und ganzen auch für die Erzählung *Hadschi-Murat* kennzeichnend, die Tolstoj 1896 begonnen und, den vielen vorhandenen Entwürfen nach zu urteilen, nach mühevoller Arbeit 1904 abgeschlossen hat (1912 wegen der Zensur lückenhaft veröffentlicht).

Noch einmal, wie schon in seinen frühen Werken, die den Krieg im Kaukasus zum Gegenstand haben, entwirft er in *Hadschi-Murat* ein wirkungsreiches Bild soldatischen Lebens in der majestätischen Schönheit dieses Landes, noch einmal beschreibt er Figuren aus jenen urwüchsigen Bergvölkern, die fast ein halbes Jahrhundert zuvor seiner dichterischen Phantasie so viel Nahrung gegeben hatten. Eine von ihm im Januar 1905 der Gräfin Tolstoj diktierte Aufzeichnung gibt das Gerüst der Erzählung in kurzen Strichen wieder:

»Die Geschichte Hadschi-Murats ist folgende: Das war ein tapferer Aware (Angehöriger eines kaukasischen Volksstammes, Anm. des Verf.), der eine Zeitlang der russischen Regierung gedient hat. Dem General Klugenau, der mit den russischen Truppen in Awarien stand, wurde gemeldet, Hadschi-Murat verrate die russische Regierung. Klugenau befahl, ihn zu verhaften, zu fesseln und zu ihm zu bringen. Unterwegs aber sprang Hadschi-Murat von einem Felsen, wobei er den ihn führenden Soldaten mitriß, der dabei den Tod fand. Er selbst blieb am Leben, erlitt aber Verletzungen, brach ein Bein. Geheilt, ergab er sich Schamil (Führer der Bergvölker des östlichen Kaukasus im Kampf gegen die Russen, Anm. des Verf.) und begann ihm zu dienen. Er war einer der kühnsten Naibs, unternahm verwegene Überfälle auf die russischen Besitzungen; 1851 aber geriet er in Streit mit Schamil und ergab sich den Russen. Aus der Stadt Nucha, wo ihm ein Quartier zugewiesen war und wo er sich sehr nach seiner Familie sehnte, entfloh er in die Berge und wurde von Kosaken eingeholt; nachdem er sich seinen Muriden verzweifelt gewehrt hatte, wurde er getötet ... Diese Ereignisse trugen sich während Lew Nikolajewitschs Aufenthalt im Kaukasus zu.«

Den Ich-Erzähler läßt der Anblick einer blühenden Distel, einer sogenannten Tatarendistel, die dem Versuch, sie zu pflücken, zähen Widerstand leistet, sowie eines Buschs mit ebensolchen Blumen, die, halb vernichtet, sich wieder aufgerichtet haben, an eine Geschichte denken, »die ich teils miterlebt habe, teils von anderen Augenzeugen erzählt bekommen und teils von mir aus ergänzt habe«; und am Ende der Erzählung wird mit dem Satz: »Das war der Tod, den mir die zerdrückte Distel auf dem umgepflügten Feld in Erinnerung brachte« der Rahmen geschlossen.

Wohl findet sich bei der Gestaltung der Titelfigur der innere Monolog, werden Vorgänge im Bewußtsein des Offiziers Butler während eines militärischen Unternehmens, Antriebskräfte für Handlungen Nikolaus' I. wahrgenommen; doch wird im Leser in erster Linie das Interesse für die sich dramatisch zuspitzende äußere Situation Hadschi-Murats geweckt. Die daraus sich ergebende Spannung wird verstärkt durch häufigen Szenenwechsel; fast jedes der 25 Kapitel versetzt den Leser an einen anderen Ort, in einen anderen Handlungsablauf (Jewnin, 1961, S. 362), und Tolstoj selbst gibt einen Hinweis auf die Form, wenn er am 21. März 1898 in seinem Tagebuch notiert:

> »Es gibt ein englisches Spielzeug – die peep-show: Unter einer kleinen Glasscheibe ist bald die eine, bald die andere Figur zu sehen. So muß der Mensch Hadschi-Murat gezeigt werden: der Gatte, der Fanatiker und dergleichen.«

Man hat im Aufbau dieser Erzählung die Form der geschlossenen Kurve zu erkennen geglaubt, geht doch die Handlung von einem Bergdorf im Kaukasus aus, entfernt sich von dort mehr und mehr bis zu einer Szene bei Kaiser Nikolaus I. in Petersburg und kehrt wieder zum Ausgangspunkt zurück. Svjatopolk D. Mirsky äußert die bemerkenswerte Auffassung, eine solche Konstruktion bedeute eine Klarheit der Form, die die Nähe zur russischen Volksdichtung, d. h. Bauerndichtung anzeige; diese werde seit jeher wegen ihrer klaren Formen gerühmt (Mirsky, 1932, S. 15).

Das Ende Hadschi-Murats wird in Kapitel 23 vorausdeutend angekündigt, mit dem den Tod eines tapferen Kriegers aus dem Kaukasus besingenden Lied. Ist mit der Gestalt des Titelhelden, auf dessen Lebenskraft und Zähigkeit der Vergleich mit der Distel beruht, heroische Thematik in die Erzählung eingegangen, so ist in scharfem Gegensatz dazu die Charakterisierung russischer Offiziere, hoher Beamter und vor allem des Kaisers von Ironie und Sarkasmus geprägt. So erweist sich Nikolaus I. (in Kapitel 15 wird er mit der Frage konfrontiert, wie sich die Militärbehörde gegenüber dem zu den Russen übergegangenen Hadschi-Murat verhalten soll) als ein Herrscher, dessen absolutistische Art des Regierens ihn weitreichende Entscheidungen nach Willkür und Laune treffen läßt. Der Erzähler sucht nach einer Erklärung für das Verhalten des Kaisers:

>Die ständigen, unverhohlenen, allen Tatsachen ins Gesicht schlagenden Schmeicheleien seiner Umgebung hatten ihn so weit gebracht, daß er Widersprüche bei sich selber gar nicht mehr bemerkte, sich in Wort und Tat überhaupt nicht mehr nach Wirklichkeit und Logik, ja nicht einmal mehr nach dem gesunden Menschenverstand richtete, sondern einfach voll und ganz davon überzeugt war, daß alle seine Anordnungen ... weise, gerecht und folgerichtig waren.<

Für die humane Denkweise des Erzählers aber ist es bezeichnend, daß er den Krieg zur Unterwerfung des Kaukasus, jedenfalls was die Art der Kriegsführung betrifft, als grausam und sinnlos erscheinen läßt.

Wie heute bekannt ist, ist mehr als die Hälfte der Erzählung auf historisch nachprüfbarem Material gegründet. Dabei steht die negative Einschätzung Nikolaus I. der Geschichtswissenschaft nach 1917 näher als der des 19. Jahrhunderts. Tolstoj hat seiner Erzählung offenbar eine bestimmte historische Situation zugrunde gelegt mit der Absicht, seinen Gedanken von der Sinnlosigkeit der Gewalt eine literarische Form zu geben; zu diesem Zweck hat er Hadschi-Murat und Nikolaus I. entgegen der historischen Realität als fast völlig gegensätzliche Charaktere gezeichnet (Drews, 1981, S. 114 f.).

XI

Der kunsttheoretische Traktat als Provokation: *Was ist Kunst?* und *Über Shakespeare und das Drama*; Dramen und Dramenfragmente: die Brüchigkeit der Parolen vom »neuen Menschen« – *Die verseuchte Familie*; die zerstörerische Kraft der Leidenschaft, gezeigt in einer Bauerntragödie – *Macht der Finsternis*; Spott über Lebensfremdheit der gebildeten Schicht, ausgedrückt in einer Komödie – *Früchte der Bildung*; Selbstdarstellung des Dichters in der Hauptgestalt eines Dramas – *Und das Licht scheint in der Finsternis*; Handeln für das Wohl des Nächsten bis zur Selbstaufopferung als zentrales Motiv – *Der lebende Leichnam*

Im 20. abschließenden Kapitel seiner Abhandlung *Was ist Kunst?* (1898) gibt Tolstoj an, er habe sich bereits fünfzehn Jahre mit dem Gegenstand dieser Schrift befaßt. In der Tat ist eine größere Zahl seiner Aufsätze über Kunst, vom ersten aus dem Jahr 1882 bis zu einem letzten von 1896, als Vorbereitung für die Abhandlung zu betrachten. Er begann 1897 mit der Niederschrift.

Seine Theorie der Kunst ist im Grunde auf der Annahme eines religiösen Bewußtseins aufgebaut, das zu jeder Zeit und in jeder Gesellschaft vorhanden sei und aus dem sich ergebe, was gut und was schlecht ist. Es bestimme auch den Wert der Gefühle, die durch die Kunst übermittelt werden. Deshalb werde bei allen Völkern immer jene Kunst als gut anerkannt, welche Gefühle vermittle, die aus dem den Menschen des jeweiligen Volkes gemeinsamen religiösen Bewußtsein herrühren (VI). Tolstoj entwirft ein ideales Bild des »dem ganzen Volk gemeinsamen Künstlers«. Vorbild sind ihm die Künstler Griechenlands, die Propheten Israels, die bestrebt gewesen seien zu sagen, was sie sagen mußten, und deren Werk daher von allen verstanden wurde (X). Mit dieser Auffassung kommt der Autor dem Begriff der Kunstreligion nahe, den Hegel in seiner *Phänomenologie des Geistes* vorgebracht hat. In seiner *Ästhetik* freilich weist Hegel darauf hin, daß seit dem Bestehen des Christentums die Kunst nicht mehr die höchste Weise der Wahrheit, daß sie Reflexionskunst geworden ist.

Mit den Worten: »Infolge des Unglaubens der Menschen der höheren Klassen begann die Kunst inhaltsarm zu werden« setzt ein Kapitel ein (X), in dem die Ablehnung des Symbolismus begründet werden soll. Baudelaire mit *Fleurs du mal*, Verlaine, Mallarmé werden kritisiert. Als gute, hohe Kunst gelten dem Autor Ilias und Odyssee sowie u. a. die Psalmen, die evangelischen Gleichnisse, die vedischen Hymnen. Beethovens Neunte Symphonie schließt er ausdrücklich aus dem Kreis der guten Kunst aus – als Musik »nur für einzelne«. Seine eigenen Werke der früheren Periode, besonders die großen Romane beurteilt er nun als »schlechte Kunst«, weil darin Probleme behandelt werden, die nur einer kleinen Schicht von Gebildeten zugänglich sind.

In den kritischen Äußerungen über den umstrittenen Traktat war der Vorwurf zu hören, daß dies letztlich eine Antikunsttheorie sei. In den sechziger und siebziger Jahren des 19. Jahrhunderts hatte die russische Kritik unter dem Einfluß von Losungen, in denen das soziale Moment, der soziale Fortschritt maßgebend war, ihren früheren hohen Stand eingebüßt. Sie wertete weniger nach ästhetischen als vielmehr nach gesellschaftspolitischen und humanitären Gesichtspunkten, sah in der Kunst in erster Linie den Ausdruck der Umwelt. Tolstoj hat in seiner Antwort auf die Frage nach dem Wesen der Kunst diese von jeder Zeitbezogenheit gelöst, hat jedoch nicht erkannt, daß gerade von den Symbolisten eine Erneuerung des kritischen Bewußtseins in Rußland ausgegangen ist (J. Holthusen, Studien zur Ästhetik und Poetik des russ. Symbolismus, 1957, S. 8).

Anders als Tolstojs publizistische Schriften aus dem politischen, sozialen und religiösen Bereich hat seine Kunsttheorie, als Anregung und auch als Herausforderung, bis weit ins 20. Jahrhundert hinein eine erhebliche Wirkung ausgeübt. Die Forderung nach Allgemeinverständlichkeit des Kunstwerks, nach seiner Wirkung auf das menschliche Leben, und zugleich die Einschätzung der zeitgenössischen Literatur der sogenannten Dekadenten und Symbolisten als eines Besitzstandes nur kleiner Kreise der höheren Schicht fanden bei den »Progressiven« der neuen Generation lebhaften Widerhall; sie wurden bedeutsam für die Ästhetik der russischen Literatur der sowjetischen Periode, besonders für die theoretische Grundlegung des sozialistischen Realismus. Die Parallelen und Analogien lassen eine Ähnlichkeit der Ziele und sogar der Denkweise der für die Begründung der Theorie jener literarischen Richtung Verantwortlichen mit Tolstojs Absichten erkennen (Žekulin, 1980). Doch ist Tolstojs Schrift auch und vielleicht eher eine späte Hinwendung zum Geist der religiösen Kultur in Rußland vor Peter d. Gr. (Holthusen). Zudem lehnte er die Moderne, die Urbanisierung, die Entwicklung des Kapitalismus in Rußland ab, hatte sich für ihn der Schriftsteller auf die moralische Ebene zu stellen, während die Theoretiker der sowjetischen Periode einen gesellschaftspolitischen Standpunkt forderten.

In der 1903/1904 verfaßten, 1906 veröffentlichten Abhandlung *Über Shakespeare und das Drama. Kritische Skizze* richtet sich Tolstoj gegen Shakespeare, dem er u. a. zum Vorwurf macht, im jungen Leser oder Zuschauer die Fähigkeit der Unterscheidung zwischen Gut und Böse schwinden zu lassen. Ein zweifacher Schaden entstehe aus Shakespeares Werken, zum ersten »der Niedergang des Dramas und der Ersatz dieses wichtigen Instruments des Fortschritts durch eine leere, unmoralische Kurzweil, zum zweiten die direkte Verderbnis der Menschen dadurch, daß ihnen falsche Vorbilder zur Nachahmung gezeigt werden«.

Neben der Kritik an Shakespeares Dramen, die sich besonders auf eine eigenwillige Analyse des *König Lear* stützt, enthält die Abhandlung eine kurzgefaßte Theorie des Dramas. Unter den Bedingungen für eine hohe Qualität von Werken der dramatischen Kunst nennt Tolstoj in der Rubrik »äußere Schönheit« die richtige, dem Charakter der

Personen gemäße Sprache, den natürlichen und zugleich rührenden Ausgangspunkt, die regelrechte Führung der Szenen, ein Gefühl des Maßes bei allem Dargestellten. Er bezeichnet das Drama als eine literarische Gattung, für die eigene, unveränderliche Gesetze gelten. Einer der grundlegenden Gedanken seiner Schrift ist in dem Satz ausgesprochen:

> »Das poetische Kunstwerk, besonders das Drama muß vor allem im Leser oder Zuschauer die Illusion hervorrufen, daß das von den handelnden Personen Erlebte, Erfahrene von ihnen selbst erlebt, erfahren wird.«

Lange vor dieser Abhandlung, Anfang 1864, also unmittelbar vor dem Beginn der Abfassung von *Krieg und Frieden*, schrieb Tolstoj, offenbar veranlaßt durch den 1863 erschienenen Roman Tschernyschewskijs *Was tun?* eine Komödie, die er zuerst »Moderne Menschen«, dann »Neue Menschen« betitelte und die heute den Titel *Die verseuchte Familie* trägt. Infolge der Gleichgültigkeit des Autors gegenüber diesem Werk ging die letzte Redaktion verloren; doch sind im Archiv Tolstojs viele Entwürfe erhalten geblieben, aus denen die 1928 gedruckte Ausgabe, als Fragment, zusammengestellt werden konnte.

Die Handlung um den Gutsbesitzer Pribyschew und seine Familie spielt in den Jahren 1862/63, bald nach Aufhebung der Leibeigenschaft. Die Familie droht infolge des Einströmens und Wirkens von Parolen der »neuen Menschen« zu zerbrechen. Sohn, Tochter und Nichte erliegen trotz der Mahnungen erfahrener Freunde des Hauses dem Ansturm der »Überzeugungen« vom Fortschritt, der Licht in die gänzlich zurückgebliebenen Lebensverhältnisse bringe, von der Entwicklung der Individualität, von der Freiheit der Person, vom Ideal der unbedingten Gleichberechtigung von Mann und Frau. Die Wirklichkeit bringt die schlimmen Folgen der neuen Ideen zutage, sobald diese einseitig und übertrieben verfochten werden.

Was tun? hat den Untertitel *Erzählungen von neuen Men-*

111

schen. Die Polemik gegen Tschernyschewskijs Roman macht sich besonders in einer sprachlichen Komik geltend, die bis zu äußerster Übertreibung geht und damit das Stück in die Nähe der Satire rückt. Der Jargon der »neuen Menschen«, es ist der der Seminaristen, zeitweiliger Zöglinge der geistlichen Seminare, und der Nihilisten, die, damals noch nicht Revolutionäre, frei gegenüber jeder Autorität sein wollten, findet sein Gegenstück vor allem in der volkstümlichen Sprache der Haushälterin und früheren Kinderfrau, die dem Hofgesinde angehört hat. Im 3. Akt wird die Rede auf die kurz zuvor erfolgte Gründung einer Kommune gebracht, für die sich die Emanzipierte Dudkina, Nichte Pribyschews, sofort begeistert und die für den Fortgang der Handlung bestimmend wird. Als *Was tun?* erschienen war, wurden in Petersburg einige Kommunen, Wohn- und Lebensgemeinschaften, eingerichtet, deren bekannteste die des Schriftstellers W. A. Slepzow war (Gusew, 1957, S. 622).

Achtzehn Jahre nach seiner »inneren Umkehr«, 1886, noch vor dem Traktat *Über Shakespeare und das Drama*, aber in Übereinstimmung mit den darin geäußerten kunsttheoretischen Auffassungen, schrieb Tolstoj das ursprünglich für Aufführungen an Volkstheatern vorgesehene Drama aus dem Leben der Bauern *Macht der Finsternis*. Anregungen empfing er u. a. von Alexander Ostrowskij und Alexej Pisemskij, von ersterem besonders durch dessen Schauspiel *Lebe nicht so, wie es dir gefällt* (1859), das sich im Thematischen wie im Motiv der heftigen Reue, der moralischen Wiedergeburt, mit *Macht der Finsternis* berührt. Ferner hat Ostrowskij in dem Stück *Unter Verwandten wird man sich schon einigen* (1860) als erster in einem russischen Bühnenstück den verderblichen Einfluß der finanziellen Verhältnisse auf die familiären Beziehungen dargestellt (Lotman, 1979, S. 263). Tolstoj rühmte ihn wegen seiner »vollkommenen Kenntnis der Sprache der handelnden Personen« (Gatenjan, 1962, S. 249 f.). Er selbst hat aus seinem Streben nach Ausdruckskraft und möglichst enger Nähe der Sprache der Dramenfiguren zur lebenden Volkssprache neue Normen geschaffen.

Aus der ersten Bauerntragödie der russischen Literatur, aus Pisemskijs *Das bittere Schicksal* (1863) dürfte, neben der Darstellung der zerstörenden Wirkung der Leidenschaft auf das Leben der Menschen, für die Handlungsführung in Tolstojs Stück die Episode der Kindstötung aus Rache und Eifersucht bedeutsam gewesen sein (Lotman, 1979, S. 261).

Wie Lotman darlegt, wurde sowohl im Grundgedanken von *Macht der Finsternis* wie auch in der Art der Verwirklichung dieses Grundgedankens Überlegungen des Autors zum historischen und zum Volksdrama Ausdruck gegeben, die Jahrzehnte zurückreichen. Das historische Moment, der Bezug auf die zeitgeschichtlichen Gegebenheiten, dürfte im Titel angedeutet sein, der Lukas 22, 52 – 53 entnommen ist. Jesus sagt bei seiner Gefangennahme zu den Hohepriestern und den Hauptleuten der Tempelwache: »… Aber dies ist eure Stunde und die Macht der Finsternis« (Lotman, 1979, S. 260).

Das Motto aus Matthäus 5, 28 – 29, das dann zum Teil, mit 5, 28, auch der *Kreutzersonate* vorgesetzt wird, weist auf den moralischen Aspekt, der in dem Thema – Verletzung der sittlichen Weltordnung durch Ehebruch und das daraus entspringende Unheil – beschlossen ist; es deutet zugleich auf das schon im Untertitel des Stücks (*Steckt die Kralle in der Falle, ist der Vogel schon verloren*) anklingende »Wehret den Anfängen« hin. Denn die in einem Zeitraum von etwa zwei Jahren spielende Handlung setzt nach der ehewidrigen Verfehlung des Knechts Nikita und der Anisja, der Frau des kränkelnden Bauern Pjotr ein, und das auf der Bühne gezeigte bzw. berichtete Geschehen steht in ursächlichem Zusammenhang mit diesem Vergehen. Nikitas Vater Akim ist Widerpart des vorwiegend in Matrjona, der Mutter des Knechts, und Anisja verkörperten Bösen.

Die beiden Frauen vergiften Pjotr, dann bringen sie Nikita, nunmehr Ehemann Anisjas und Herr des Hofs, dazu, das

113

Kind zu töten, das aus seinem Liebesverhältnis mit der Stieftochter Akulina hervorgegangen ist; diese soll verheiratet werden können. Als sie zur Hochzeit geführt wird und Nikita den väterlichen Segen geben soll, bekennt er öffentlich seine Schuld, die weiterhin zu verbergen er außerstande ist. Er nimmt die alleinige Schuld auch für jene Vergehen auf sich, die er nicht allein verübt hat. Für den Schluß des 4. Akts, beginnend mit dem Monolog Matrjonas (»Matrjona, auf der Haustreppe sitzend ...«) gibt es eine längere Variante. Üblicherweise werden beide Varianten gedruckt, gespielt wird die zweite (Opulskaja, 1979, S. 64). Die Fabel von *Macht der Finsternis* ist großenteils einem Strafprozeß entnommen, der am 22. April 1880 im Kreisgericht von Tula begann und am 2. April 1881 zu Ende ging (Opulskaja, 1979, S. 56 f.).

In einem Gespräch bemerkte Tolstoj später, daß Monologe als Ausdruck von Erlebnissen der Helden, als Wiedergabe von Erinnerungen, um damit die Personen zu beschreiben, im Drama nicht angebracht seien. Er habe sich jedoch als alter Romanautor nicht enthalten können, in *Macht der Finsternis* einige Monologe einzuflechten (Lomunov, K., L. T. ob iskusstve i literature I, Moskau 1958, S. 315).

Die der Volkssprache angenäherte Redeweise bewirkt unmittelbare Lebensnähe. Matrjona ist in ihrem Wesen als Heuchlerin u. a. dadurch charakterisiert, daß sie spruchartige Wendungen vorzubringen pflegt. Kennzeichnend für Akim ist eine ihm eigene und leitmotivartig wiederholte volkssprachliche Floskel. Der frühere Soldat Mitritsch, Knecht Nikitas, neben Akim das Prinzip des Guten verkörpernd, erklärt diesem im 3. Akt in schlichten, leicht verständlichen Worten das System des Bankzinses:

»Sagen wir, du hast Geld, und bei mir, sagen wir, steht's so: Der Frühling kommt, der Acker will bestellt sein, 's ist aber kein Korn da. Und dann die Steuern und all das. Da komm ich nun zu dir. Akim, sag ich, gib mir 'nen roten Schein, zu Mariä Fürbitt geb ich ihn zurück, und eine Deßjatine fahr ich noch ein für die Gefälligkeit. Du merkst, sagen wir mal, daß bei mir was zu holen ist, 'n Pferdchen oder 'ne Kuh, drum sagst du: Gib zwei, drei Rubel für die Gefälligkeit und abgemacht. Ich steck in der Schlinge, mir bleibt nichts andres ...«

Mitritsch ist es, der Nikita schließlich dazu bringt, den entscheidenden Schritt zur Umkehr zu tun.

Mit einer Schilderung des Geschehens und des sozialen Umfelds, die ein hohes Maß an Beobachtungstreue zu bekunden scheint, und auch mit einer krassen Darstellung von Grausamkeit – der Säugling wird ermordet, indem man ihn mit einem Brett zudeckt und darauf herumtrampelt – hat Tolstojs Drama in der russischen und darüber hinaus in der europäischen Literatur als Vorbild des Naturalismus gewirkt. So hat Gerhart Hauptmann daraus Anregungen für das naturalistische Drama empfangen. George Bernard Shaw deckte 1910 in einem Brief an Tolstoj die Beziehungen zwischen *Macht der Finsternis* und seinem Schauspiel *The Shewing-up of Blanco Posnet* (1909) auf und wies im einzelnen auf Mitritsch hin, auf den bis zu einem gewissen Grad die Funktionen des Chors der altgriechischen Tragödie übertragen seien.

In Tolstojs Dramen der achtziger und neunziger Jahre sind ästhetische Prinzipien zu erkennen, die sich von seinen früheren Gedanken über diese Gattung unterscheiden. Hinter seiner Absicht, Stücke für das Volkstheater zu schreiben, steht ein Streben nach Allgemeinverständlichkeit in einem denkbar weiten Sinn. Doch ist nicht zu übersehen, daß die späten Dramen durch bestimmte Motive mit früheren Werken verbunden sind, so *Macht der Finsternis* mit dem *Morgen eines Gutsbesitzers* und mit *Polikuschka*, in der Darlegung des Wesens der Leidenschaft und ethischer Fragen mit *Anna Karenina* (Lotman, 1979, S. 239).

Die Komödie *Früchte der Bildung* (1890) weist eine Beziehung zu der frühen Erzählung *Luzern* auf, insofern das Milieu der oberen Schichten (in *Luzern* sind es vorwiegend reisende Engländer) und deren Verhältnis zum Volk äußerst kritisch gesehen und mit Verständnis und Sympathie für die unteren Schichten hervorgehoben wird. Die Komödie, die erst mit der achten Überarbeitung abgeschlossen wurde, spielt in dem Moskauer Haus des reichen Gutsbesitzers Swesdinzew. Um ihn gruppiert sich neben den Familienmitgliedern ein kleiner Kreis von Bekannten aus der höheren Gesellschaftsschicht, unter ihnen Professor Krugoswetlow, der des Hausherrn Leidenschaft für den Spiritismus teilt. Für das einfache Volk stehen die Dienerschaft und drei Bauern aus dem Gebiet um Kursk, die vom Gutsherrn Land kaufen wollen. Swesdinzew lehnt ihren Vorschlag ab, wird aber von dem Dienstmädchen Tanja mit Hilfe von Tricks bei einer spiritistischen Sitzung veranlaßt, den von den Bauern vorgelegten Kaufvertrag zu unterzeichnen. Im 3. Akt hält Krugoswetlow seinen großen Monolog, den einzigen in diesem Stück, über den Spiritismus.

Das Leben der Gruppe um Swesdinzew wird mit satirischer Schärfe dargestellt. Man ist stets ruhelos beschäftigt, doch drehen sich die Sorgen um Anliegen von zweifelhaftem Sinn, beim Sohn des Hauses und bei Petristschew um die Förderung der Zucht von Windhunden, bei Anna Pawlowna Swesdinzewa um die vermeintlich bedrohte Gesundheit, die überängstlich gehütet wird, bei Swesdinzew um das Gelingen der spiritistischen Sitzung und der wissenschaftlichen Erklärung spiritistischer Erscheinungen. Mit dem Auftreten der Bauern aber werden Fragen des privaten Landbesitzes, des Übergangs zur kapitalistischen Wirtschaftsordnung vorgebracht, die sich für das russische Dorf nach den Reformen der sechziger Jahre stellten.

Zu der in der einführenden Regieanweisung enthaltenen, verhältnismäßig detaillierten Personendarstellung tritt die Charakterisierung durch die jeweils abgestufte, auf die Individuen abgestimmte Sprache: Vielfältig, zum Teil von Laune geprägt oder dem Witz zuneigend die Redeweise des höheren Standes, die immer wieder mit französischen Einsprengseln gefärbt wird, ausdrucksvoll die Sprache des Professors Krugoswetlow, einheitlich im Idiom eines bestimmten sozialen Kreises und doch kennzeichnend für die Persönlichkeit des mit pseudowissenschaftlicher Argumentation dozierender Spiritisten. Ein bekannter Schauspieler, der die Rolle im Ensemble des Moskauer Künstlertheaters 1951 spielte, schrieb: »Diese ganze Rede ist von Anfang bis zum Ende ein ununterbrochenes, sinnloses träumerisches Gerede. Und doch legt der Professor all seine ungereimten, absurden Erfindungen in strenger, logischer Folgerichtigkeit dar.« W. O. Toporkow bemerkt dann zu Recht, der Schauspieler müsse die Rede mit Ernst und Überzeugung vortragen und lasse damit den Zuschauer um so deutlicher die Sinnlosigkeit des Gesagten erkennen (Gatenjan, 1962, S. 284). Der alte Kammerdiener Fjodor Iwanytsch, der selbst die Bildung schätzt, kommt aus seiner Sicht zu dem Urteil:

> »Gelehrt sind sie, wer weiß wie gelehrt, etwa der Alexej Wladimiro-
> witsch; Professor ist er, und manchmal hat man doch seine Zweifel.
> Was es an grobem Aberglauben so beim Volk gibt, den Glauben an
> Hausgeister, Zauberer und Hexen, das treibt man aus. Wenn man
> sich's aber recht überlegt, ist dies da gerade solcher Aberglauben.
> Kann das denn sein, daß die Geister von Verstorbenen reden und Gi-
> tarre spielen? Entweder es hält sie einer zum Narren, oder sie narren
> sich selbst« (3. Akt).

Die Rede der Bauern ist durchweg in der Form der Volkssprache gehalten, jedoch stets individualisiert. Der erste Bauer, nicht redegewandt, doch gerne sprechend, erregt sich über die Nichteinhaltung des Fastengebots im Haus Swedinzews und spricht aus, was der Titel besagt:

> »Ist so die Art bei den Herrschaften: sie haben das aus den Büchern.
> Daher die Bildung!« (2. Akt).

Der dritte Bauer sagt aus, was für den Autor von Anfang an eine Grundthese gewesen ist:

> »Dorfleben, sagen wir mal, ist allemal frei, was andres als in der Stadt.«

»Stadtluft macht frei« lautete ein Rechtsgrundsatz im Deutschen Reich zur Zeit des hohen Mittelalters, der zuerst im niederfränkischen Raum aufgekommen war (H. Fuhrmann, Deutsche Geschichte im hohen Mittelalter, [2]1983, S. 95).

Die eigenständigen Auffassungen der drei Bauern werden auch in den jeweiligen Reaktionen auf denselben Tatbestand sichtbar. Sogar die Verschiedenheit der Aussprache des nämlichen Worts dient als Kennzeichen für die Zugehörigkeit zu einer der beiden Gruppen.

Die unteren Schichten, so soll es dem Zuschauer bewußt werden, sind den oberen moralisch, an Lebenskraft und mit ihrer natürlichen Denkweise überlegen. Wenn die Köchin auf die Geschichte des Mädchens Natalja anspielt, das im Haus gedient hat und dann zugrunde gegangen ist, so ist damit eine motivische Berührung mit *Auferstehung* gegeben. Sie weiß über den wunderlichen Tagesablauf in der Familie Swesdinzew zu berichten, über den die Bauern staunen und der es verständlich erscheinen läßt, daß Tanja und der Dorfbursche Semjon den Gutsherrn in der bedeutsamen Angelegenheit des Landkaufs zu überlisten verstehen. Die Kunst der Charakterisierung der Personen durch ihre Sprache, ihren Stil aber verleiht dem Stück seine besondere Qualität.

Wie heute als erwiesen gilt, gab es für die Mehrzahl der in *Früchte der Bildung* auftretenden Personen reale Vorbilder. Die Komödie ist eine auf Beobachtungstreue gründende, dramatisch wirkungsvolle Darstellung des Lebens der höheren Adligen in jener Zeit, und sogar die Familiennamen waren zunächst dem wirklichen Leben entnommen; viele der bei Aufführungen des Stücks im Haus des Dichters in Jasnaja Poljana Auftretenden waren mit ihren jeweiligen Vorbildern identisch (Opulskaja, 1979, S. 187 f.).

In einem Gespräch mit Oskar Blumenfeld, dem Direktor des Berliner Lessingtheaters, sagte Tolstoj, daß *Macht der Finsternis* und *Früchte der Bildung* nur vorbereitende Studien zu dem Stück *Und das Licht scheint in der Finsternis* seien. Es zu schreiben hatte er sich bereits 1894 vorgenommen; es blieb unvollendet und wurde 1911 veröffentlicht. In seinen Notizen nannte er es »sein« Stück im Sinn von »sein eigenes«; er schätzte es wegen der darin zum Ausdruck kommenden Subjektivität (Lotman, 1979, S. 269 f.), und tatsächlich findet sich in dem Fragment in stärkerem Maß als bei Tolstojs übrigen künstlerischen Werken eine Selbstdarstellung des Autors.

Die Handlung geht gegen Ende des 19. Jahrhunderts vor sich, teils auf dem Land, teils in Moskau, sie erstreckt sich auf den Zeitraum etwa eines Jahres. In Zusammenhang mit dem häufigen Wechsel des Ortes steht die große Zahl der auftretenden Personen, und die neue Szenerie bildet zumeist jeweils einen scharfen Kontrast zu der vorhergehenden. Thematisiert wird in diesem Stück der Gegensatz, der Widerspruch zwischen dem als wahr und damit verpflichtend erkannten Gedanken und der Möglichkeit seiner Verwirklichung im Leben.

Die Handlung setzt ein, als in dem reichen Gutsbesitzer Sarynzew aus dem Verlangen, das Evangelium, namentlich die Bergpredigt strikt zu befolgen, ein Wandel eingetreten ist. Angesichts der im Volk herrschenden Not zum rigorosen Verfechter eines in Einfachheit und Armut zu führenden Lebens geworden, sieht er, nachdem er über zwanzig Jahre in glücklicher Ehe gelebt hat, in der Lebenshaltung seiner Familie sündhaften Luxus und damit sittliche Verfehlung. Seine Frau ringt ihm, um der Kinder willen, das Verfügungsrecht über den Besitz ab. Er lehnt den Staat und seine Gesetze, die Kirche als Institution und ihre Lehre ab. Als die Mutter des Offiziers Tscheremschanow, den Sarynzew für seine Lehre von Friedfertigkeit und Gewaltlosigkeit gewonnen hat, von ihm Hilfe fordert, bricht es aus ihr heraus:

FÜRSTIN: »... mein Anliegen ist auch dies: Man versetzt ihn ins Strafbataillon, und das ertrage ich nicht. Und Sie haben ihn dahin gebracht. Und Sie haben das getan. Sie, Sie, Sie!

NIKOLAJ IWANOWITSCH: Nicht ich, Gott hat es getan. Und Gott sieht, daß ich Mitleid mit Ihnen empfinde. Widersetzen Sie sich nicht dem Willen Gottes. Er will Sie prüfen. Tragen Sie's in Demut.

FÜRSTIN: Ich kann es nicht in Demut tragen. Mein ganzes Leben, das war mein Sohn, und Sie haben ihn mir weggenommen und ins Verderben gestürzt. Ich kann nicht ruhig sein. Ich bin zu Ihnen gekommen, es ist mein letzter Versuch, Ihnen zu sagen, daß Sie ihn hineingerissen haben und daß Sie ihn darum retten müssen. Fahren Sie hin, erwirken Sie, daß man ihn freiläßt. Fahren Sie zu den Vorgesetzten, zum Zaren, zu wem Sie wollen. Sie sind einfach verpflichtet, es zu tun. Wenn Sie das nicht tun, so weiß ich, was ich tun werde. Sie werden mir dafür Rede und Antwort stehen« (4. Akt).

Sarynzew ist davon überzeugt, daß sein Grundbesitz dem Volk geraubt worden ist. Er entschließt sich, Haus und Familie zu verlassen, um sein religiöses Ideal in die Tat umsetzen zu können. Seiner Frau hält er vor:

> »Ich habe versucht, an eurem Leben teilzunehmen, in euer Leben das hineinzubringen, was für mich das ganze Leben ausmacht. Doch es ist unmöglich. Es hat nur zur Folge, daß ich euch quäle und mich selbst« (4. Akt).

Seine radikale Forderung, an der sich fast alle Menschen um ihn stoßen, ist das Opfer, das er verlangt:

> »Ja, man muß alles hingeben, doch ist es nicht damit getan, daß wir den Wald hingeben, den wir nicht nutzen und den wir niemals recht gesehen haben; vielmehr muß man alles hingeben, ja, auch seine Kleider und sein Stück Brot. ... sich selber muß man hingeben. Darin liegt die ganze Lehre Christi. Alle Kräfte muß man aufbieten, um sich selbst hinzugeben« (1. Akt).

Als er sich (im 4. Akt) der seelischen Not bewußt wird, die über seine Frau gekommen ist, gibt er sein Vorhaben auf und bleibt in der Familie. Tolstoj ist seinem Entschluß, seine Familie und Jasnaja Poljana zu verlassen, erst kurz vor seinem Tod, im Jahr 1910 gefolgt. Ein kurzer Überblick über den 5. Akt ist vorhanden. Die Fürstin, verzweifelt über die weitere Verschlimmerung der Lage ihres Sohnes, schießt auf Sarynzew. Er stirbt, noch immer im Zweifel darüber, ob er den richtigen Weg eingeschlagen hat (Gatenjan, 1962, S. 259).

George Steiner bemerkt zu dem Stück: »Mit mitleidsloser Wahrhaftigkeit zeigt Tolstoj die Blindheit des Mannes, seinen Egoismus und die Unbarmherzigkeit, die einen Propheten beseelen können, der sich selbst im Besitz der Offenbarung glaubt« (Steiner, 1964, S. 121).

Das Drama *Der lebende Leichnam*, veröffentlicht 1911,

entstand in den Monaten Januar bis November 1900, zur selben Zeit, da Tolstoj an *Und das Licht scheint in der Finsternis* schrieb, und dieses Drama hatte für ihn selbst weit größere Bedeutung als jenes. Beiden ist neben der scharf ablehnenden Haltung gegenüber dem Staat, gegenüber staatlichen Institutionen das Thema des Ausbrechens aus dem eigenen Lebenskreis gemeinsam: Der an der Verletzung sittlicher Normen schwer tragende Held will sich von ihm trennen.

Es wurde mehrmals darauf hingewiesen, daß es in beiden Stücken Berührungen mit der Thematik gerade des Shakespeareschen *König Lear* gibt, so im *Lebenden Leichnam* das Umherschweifen des Helden, der sich von seiner Familie entfernt hat, und im Dramenfragment das wechselseitige Nichtverstehen von Vater und Kindern, das Fremdwerden des Vaters in seiner eigenen Familie (Lotman, 1979, S. 271; vgl. Steiner, 1964, S. 113).

Der im Handlungsablauf des *Lebenden Leichnam* umfaßte Zeitraum von etwa einem Jahr zeigt an, daß es sich um eine offene Form des Dramas handelt. Der Aufbau weist eine gewisse Symmetrie auf, insofern jeder der sechs Akte aus zwei »Bildern« besteht, in denen jeweils mehrere Szenen zusammengefaßt werden (in manchen Übersetzungen entfällt deren Numerierung). Dies bedingt einen häufigen Wechsel des Ortes, wodurch wiederum die große Zahl der auftretenden Personen begründet ist.

Jelisaweta Protasowa (Lisa) schreckt vor dem Entschluß zurück, sich um die Scheidung von Fjodor Protasow (Fedja) zu bemühen, der, fern von der Familie lebend, dem Trunk zugeneigt, im Ruf eines Ausschweifungen frönenden Verschwenders steht. Weder ihrem Jugendfreund Viktor Karenin, der sie liebt, noch ihrer Schwester Sascha, die aus religiös-kirchlichen Gründen die Auflösung der Ehe mißbilligt, gelingt es, Fedja zur Rückkehr in die Familie zu bewegen. Er empfindet sich als Hindernis, das eine Ehe zwischen Lisa und Viktor nicht zustande kommen läßt. Nachdem Lisa von einer Verbindung Fedjas mit der Zigeunerin Mascha gehört

121

hat, in Wirklichkeit einem platonischem Verhältnis, fühlt sie sich in ihrer Entscheidung frei. Fedja gelingt es, seinen Tod durch Ertrinken vorzutäuschen, worauf Lisa und Viktor die Ehe eingehen. Als »lebender Leichnam« steht Fedja nun außerhalb der Gesellschaft, bis er durch unvorsichtiges Verhalten seine Existenz enthüllt und gegen ihn und Lisa ein Gerichtsverfahren wegen Bigamie eingeleitet wird. Vor dem Untersuchungsrichter, dem er vorwirft, sich leichten Herzens zum Richter über Menschen aufzuwerfen, die moralisch hoch über ihm stehen, geht er auf den Ausgangspunkt seines Verhältnisses zu Lisa und Viktor zurück:

> »Da leben drei Menschen: ich, er und sie. Zwischen ihnen bestehen komplizierte Beziehungen, ein Kampf des Guten mit dem Bösen, ein geistiger Kampf, wie Sie ihn sich überhaupt nicht vorstellen können. Der Kampf endet mit der bekannten Situation, die alles löst. Alle finden Ruhe. Sie sind glücklich – mein Andenken ist ihnen teuer. Ich selbst bin zwar tief gesunken, aber glücklich, daß ich tat, was meine Pflicht war, daß ich untauglicher Mensch aus dem Leben ging, um nicht denen im Wege zu stehen, die lebensvoll und gut sind. Und wir alle leben ...« (6. Akt, 1. Bild).

Der junge Anwalt berichtet über das Verhalten der Angeklagten während des Prozesses, er meint dabei vor allem Karenin und Lisaweta Andrejewna: »Man spürt, nicht sie sind angeklagt, sondern sie klagen die Gesellschaft an« (6,2). Um einer schlimmen Wendung des Verfahrens zuvorzukommen, erschießt sich Fedja im Gerichtsgebäude.

Mit der Darstellung der Hauptgestalt ist der Gedanke der in aufopfernder Hingabe für den anderen sich bekundenden Gesinnung wahrer Nächstenliebe verbunden; zugleich wird die Starrheit sowohl kirchlicher Vorschriften wie staatlicher Gesetzgebung und Gesetzesausübung angeprangert.

Im Dramenfragment *Und das Licht scheint in der Finsternis* ergeht sich Sarynzew in langen, das Lehrhafte streifenden Erwägungen, so in den theologischen Auseinandersetzungen mit dem jungen Geistlichen, der zu ihm stößt und dann, unter dem Druck seiner vorgesetzten Behörde, zum Gehorsam gegenüber der Kirche zurückkehrt. Man hat im

Hinblick auf diese Erörterungen, die mit ihrer eigenwilligen Stilisierung an die theologischen Werke Tolstojs denken lassen, von »programmatischen« Monologen gesprochen (Gatenjan, 1962, S. 260). Im *Lebenden Leichnam* aber fehlt der Monolog. Wenn der Held Fedja mit sich selbst spricht, redet er in kurzen, bruchstückhaften Sätzen, wie am Schluß des 3. Akts oder im 4. Akt, als er sich außerstande sieht, sich das Leben zu nehmen: »Nein, ich kann nicht, ich kann nicht, ich kann nicht.« Was er vor dem Untersuchungsrichter aussagt, ist kein Monolog (Lomunow, 1971, S. 434), sondern Anklage und bezeichnenderweise großenteils im historischen Präsens gehaltener Bericht für das Protokoll.

Die ständig wachsende Spannung vor der Katastrophe, das Fehlen des Monologs, die Retardation, die Verzögerung im Ablauf der dramatischen Handlung mit dem Zurückschrecken Fedjas vor dem Selbstmord im 4. Akt, machen das Dramatische in diesem Stück aus. Der Bericht Fedjas im 5. Akt über seinen Gang als »lebender Leichnam« am Haus des Paares vorbei: »Erleuchtete Fenster, und ein Schatten gleitet über den Vorhang« bringt das Symbol des Schattens, das die Spannung verstärkt und auf das Ende deutet. Übrigens liegt auch diesem Stück ein Gerichtsverfahren zugrunde, das 1887 stattfand.

N. K. Gudzij bemerkte zu Recht, daß Tolstoj im *Lebenden Leichnam* und in *Hadschi-Murat* durch die Titelfiguren im Gegensatz zu seiner Lehre vom »Nicht dem Bösen mit Gewalt widerstehen« den Widerstand gegen die Unterdrückung der Persönlichkeit verkörpert habe (Gatenjan, 1962, S. 265). Gegen den Schluß seines Traktats *Über Shakespeare und das Drama* bezeichnet er das Drama als einen »äußerst wichtigen Zweig der Kunst«, und er fordert, daß es, um die Berechtigung seiner Existenz zu erlangen und eine ernste Sache zu sein, der Erhellung der religiösen Erkenntnis diene. Es sei eine dem religiösen Verständnis der Kunst entsprechende Form des Dramas zu suchen.

Es gibt zu denken, daß der Dichter im letzten größeren erzählenden Werk, *Hadschi-Murat*, wie auch im letzten

Drama, *Der lebende Leichnam*, offenbar bei der Darstellung der Titelgestalt nicht den Maßstab des Religiösen angelegt hat, den man in jenen Jahren von ihm erwartet hätte. Beachtung verdient zudem, daß das Stück *Früchte der Bildung* überraschenderweise einen Zug zum Heiteren aufweist, und schließlich, daß gerade im Fragment *Und das Licht scheint in der Finsternis* der Held sich am Ende nagendem Zweifel über die Richtigkeit des von ihm eingeschlagenen Weges ausgesetzt sieht.

Man kann daraus schließen, daß Tolstoj in seinem Ringen um die Dominanz des Moralischen in der Kunst nicht zu einem Ende gekommen, daß er ein Suchender geblieben ist; eine seiner letzten Äußerungen kurz vor dem Tod soll gelautet haben: »Suchen, immer suchen!« (Troyat, 1965, S. 827). Bei dem Bemühen um die Verwirklichung seiner künstlerischen Pläne ist er aus diesem Spannungsverhältnis heraus zu einer Vielfalt des Stils gelangt. Sie drückt sich vor allem im Wechsel von der kunstvoll gebauten Periode, die namentlich in den großen Romanen vielfältige Zusammenhänge zeichnet, zur künstlich einfachen Sprache von Volkserzählungen aus. Aus dieser Spannung heraus hat Tolstoj nicht selten die seinerzeit geltenden literarischen Normen überschritten, so mit dem Rückgriff auf ältere Genres oder auf die Volksdichtung. Für den ästhetischen Bereich bedeutete dies Entwicklung, Bewegung, die als eine der Ursachen dafür anzusehen ist, daß er während seiner nahezu sechs Jahrzehnte währenden Existenz als Schriftsteller im Fluß des literarischen Lebens geblieben ist, daß es in dieser Periode keine Zeit gab, in der man sagen konnte, er sei hinter dem Fortgang in der Entwicklung der Literatur zurückgeblieben.

BIBLIOGRAPHISCHER ANHANG

Soweit die folgende Bibliographie Literatur in russischer Sprache anführt, sind die Namen und Titel nicht mit der im vorhergehenden Text verwendeten Umschrift (Transkription) wiedergegeben, sondern mit der in der deutschen Slawistik üblichen Transliteration: Für die russischen Lautzeichen stehen jeweils lateinische, die zum Teil mit diakritischen Zeichen versehen sind. Im bibliographischen Anhang mußte so verfahren werden, um die Genauigkeit und Verwendbarkeit der Titelangaben zu gewährleisten. Für den der russischen Sprache nicht Mächtigen wird dieser Teil des Anhangs kaum in Betracht kommen.

Im vorhergehenden Text sind bei der Bezugnahme auf Werke und Aufsätze, aus denen zitiert wird, nur der Name des Verfassers, das Erscheinungsjahr und die Seitenzahl angegeben, bei Zitaten aus *Krieg und Frieden* in der Regel Band, Teil und Kapitel, bei *Anna Karenina* und *Auferstehung* Teil und Kapitel. Bei Durchsicht des Anhangs können die kurzen Angaben durch die Werktitel ergänzt werden, die Zitate aus den großen Romanen lassen sich im Originalwerk oder in der Übersetzung leicht finden.

Zum Verständnis Tolstojs, zur Einsicht in die ästhetischen Werte seines dichterischen Werks, haben in Rußland in besonderer Weise eine literarische Strömung und eine literaturkritische Schule beigetragen – der Symbolismus und der Formalismus. Mereschkowskijs Buch über Tolstoj und Dostojewskij erregte seinerzeit Aufsehen, es wirkt, trotz der etwas einseitigen Betonung des antithetischen Prinzips, noch heute anregend und klärend. Die hervorragendsten Leistungen der sogenannten Formalisten in den zwanziger Jahren lagen auf dem Gebiet der Theorie der Verskunst. An Bedeutung durchaus gleichwertig dem, was sie im Bereich der Versforschung vorbrachten, sind auf dem Gebiet der Prosa die Untersuchungen Schklowskijs (»Material und Stil im Roman L. Tolstojs Krieg und Frieden« und frühere Beiträge) und vor allem Ejchenbaums Studien; er hat in dem Bemühen, den Rahmen des nur Methodologisch-Formalistischen zu überschreiten, das soziologische und biographische Element in den Bänden von 1928 und 1931 und schließlich 1960 weitgehend berücksichtigt.

Im folgenden werden zunächst Arbeiten angeführt, die das gesamte künstlerische Werk Tolstojs betreffen, sodann werden in dem von der Gliederung dieser Einführung her gegebenen Rahmen einzelne Untersuchungen genannt; in beiden Teilen konnte nur eine Auswahl aus der in russischer und in anderen slawischen Sprachen sowie in westlichen Sprachen verfaßten Sekundärliteratur geboten werden. – Die Abkürzungen *WdSl* und *ZslPh* stehen für *Die Welt der Slaven* und *Zeitschrift für slavische Philologie*.

Die Zitate aus Tolstojs Werken wurden der Jubiläumsausgabe entnommen:

Tolstoj, L. N.: Polnoe sobranie sočinenij, Bd. 1–90, Moskau 1928–1964

Merežkovskij, D. S.: Tolstoj i Dostoevskij, 2 Bde., Petersburg 1903; deutsch: D. Mereschkowskij, Tolstoj und Dostojewskij, Berlin 3. Aufl. 1924

Birjukow, P.: L. N. Tolstoj, 2 Bde., Berlin 1906–1909

Leont'ev, K.: O romanach gr. L. N. Tolstogo. Analiz, stil' i vejanie, Moskau 1911

Rolland, R.: Vie de Tolstoï, Paris 1911; deutsch: Das Leben Tolstois, Frankfurt a. M. 1922

Šklovskij, V.: Mater' jal i stil' v romane L' va Tolstogo »Vojna i mir«, Moskau 1928; Zametki o proze russkich klassikov, Moskau 1953; Lev Tolstoj, Moskau 1963 (Žizn' zamečatel'nych ljudej, 363); Povesti o proze, Moskau 1966

Apostolov, N. N.: Lev Tolstoj nad stranicami istorii, Moskau 1928; Ardens N. N. (N. Apostolov): Tvorčeskij put' L. N. Tolstogo, Moskau 1962

Markovitch, M.: Jean Jacques Rousseau et Tolstoj, Paris 1928 (Bibliothèque de la Revue de littérature comparée, Bd. 54)

Zweig, Stefan: Drei Dichter ihres Lebens. Casanova – Stendhal – Tolstoi, Leipzig 1928

Ejchenbaum, B.: Molodoj Tolstoj, Petrograd–Berlin 1922; Lev Tolstoj. Kniga 1–ja: 50–ye gody, Leningrad 1928; L. T. Kniga 2–ja: 60–ye gody, Leningrad–Moskau 1931 (beide Bände im Nachdruck München 1968, Slavische Propyläen, 54); Lev Tolstoj, Semidesjatye gody, Leningrad 1960

Tillmann, E.: Eugène-Melchior de Vogüé. Seine Stellung in der Geistesgeschichte der Zeit, Diss. Bonn 1934

Literaturnoe nasledstvo, 35–36, L. N. Tolstoj I, Moskau 1939, darin: V. Vinogradov, O jazyke Tolstogo (50 – 60e gody), S. 117–220, und B. Ejchenbaum, Tolstoj posle »Vojny i mira«, S. 221–264; Lit. nasl., 37–38, L. N. Tolstoj II, Moskau 1939

Simmons, E. J.: Leo Tolstoy, London 1949, dann London– Boston 1973; Introduction to Tolstoy's Writings, Chicago– London 1968

Hamburger, K.: Leo Tolstoi. Gestalt und Problem, München 1950; Tolstoi. Gestalt und Problem, Göttingen 1963 (2. Aufl. des vorigen)

Porché, F.: Portrait psychologique de Tolstoi, Paris 1949; deutsch: Leo Tolstoj, die Wahrheit über sein Leben. Düsseldorf 1954

Gusev, N. N.: Letopis' žizni i tvorčestva L. N. Tolstogo, 2 Bde. Moskau 1958, 1960

ders.: L. N. Tolstoj, Materialy k biografii s 1855 po 1869 god, Moskau 1957; dasselbe, s 1870 po 1881 god, Moskau 1963; dasselbe, s 1881 po 1885 god, Moskau 1970; Opul'skaja, L. D.: L. N. Tolstoj, Materialy k biografii s 1886 po 1892 god, Moskau 1979

Philipp, F.-H.: Tolstoj und der Protestantismus, Gießen 1959 (Osteuropastudien der Hochschulen des Landes Hessen, Reihe II, Bd. 2)

Ludwig, Nadja: Leo Tolstoj, Halle a. d. Saale 1960

Bursov, I.: Lev Tolstoj. Idejnoe iskanie i tvorčeskij metod, 1847–1862, Moskau 1960; Lev Tolstoj i russkij roman, Moskau–Leningrad 1963

Tolstoj–chudožnik. Sbornik statej, Hrsg. D. D. Blagoj u. a., Moskau 1961

Oberländer, E.: Tolstoj und die revolutionäre Bewegung, München–Salzburg 1965

Kuprejanova, E. N.: Éstetika L. N. Tolstogo, Moskau–Leningrad 1966

Christian, R. F.: Tolstoy. A Critical Introduction, Cambridge 1969

Gromov, P.: O stile L'va Tolstogo. Stanovlenie »dialektiki duši«, Leningrad 1971

Kurljandskaja, G. B.: Chudožestvennyj metod Turgeneva-romanista, Tula 1972

Lomunov, K.: Éstetika L'va Tolstogo, Moskau 1972
Lotman, L. M.: Realizm russkoj literatury 60-ch godov XIX veka. Istoki i éstetičeskoe svoeobrazie, Leningrad 1974
Crankshaw, E.: Tolstoy. The Making of a Novellist, London 1974
Čičerin, A. V.: Očerki po istorii russkogo literaturnogo stilja, Moskau 1977, darin Kap. 6 Tolstoj, S. 227–271
Lev Tolstoj. Problemy tvorčestva, Kiev 1978
Braun, M.: Tolstoj. Eine literarische Biographie, Göttingen 1978
L. N. Tolstoj i russkaja literaturno-obščestvennaja mysl', Hrsg. G. Ja. Galagan und N. I. Pruckova, Leningrad 1979
Tolstoï aujourd' hui. Colloque international Tolstoï tenu à Paris du 10 au 13 octobre 1978, Paris 1980
Eremina, L. I.: Roždenie obraza. O jazyke chudožestvennoj prozy L'va Tolstogo, Moskau 1983
Kovalev, Vl. A.: Poétika L'va Tolstogo. Istoki tradicii, Moskau 1983

Bibliographien

L. N. Tolstoj, Bibliographie der Erstausgaben deutschsprachiger Übersetzungen und der seit 1945 in Deutschland, Österreich und der Schweiz erschienenen Werke, Leipzig 1958
Šeljapina, N. G.: Bibliografija literatury o L. N. Tolstom 1917–1958, Moskau 1960; dasselbe 1959–1961, Moskau 1965
Troyat, H.: Tolstoï (mit Bibliographie), Paris 1965, deutsch: Tolstoi oder die Flucht in die Wahrheit, Wien–Düsseldorf 1966
Mit der Nachwirkung Tolstojs befassen sich die folgenden Untersuchungen: Lukács, G.: Der russische Realismus in der Weltliteratur, Berlin 1952; Motyleva, T. L.: O mirovom značenii L. N. Tolstogo, Moskau 1957; Kesten, G.: Gerhart Hauptmann und Lev Nikolaevič Tolstoj. Studien zur Wirkungsgeschichte von L. N. Tolstoj in Deutschland 1885–1910, Wiesbaden 1966; Palievski, P. V.: L'importance de Tolstoï pour la littérature du XXème siècle. In: Tolstoï aujourd' hui (1980), S. 25–29

Zu Kapitel I

Popov, P.: Stil' rannich povestej Tolstogo (»Detstvo« i »Otro-
čestvo«). In: Lit. nasledstvo 35/36, 1939, S. 78–116; Kuprejanova, E. N.: »Detstvo«, »Otročestvo«, »Junost'«. In: L. N.
Tolstoj, Sbornik statej, Moskau 1955; Čuprina, I. V.: Trilogija
»Detstvo«, »Otročestvo« i »Junost'«, Saratov 1961; Bilinkis,
Ja.: U načal novogo chudožestvennogo soznanija (Roždenie
tolstovskoj trilogii). In: Voprosy literatury 1966, 4, S. 81–92;
Dieckmann, E.: Erzählstrukturen im Frühwerk L. N. Tolstojs
und der vergleichende Aspekt. Dargestellt am Beispiel von
»Detstvo«, »Otročestvo«, »Junost'« und Th. Manns »Budden-
brooks«. In: Zeitschrift für Slawistik 13, 1968, S. 78–88;
Zweers, A. F.: Grown-up Narrator and Childlike Hero. An
Analysis of the Literary Devices Employed in Tolstoy's Trilogy
Childhood, Boyhood and Youth, Den Haag–Paris 1971 (Slavi-
stic Printings and Reprintings, 264)

Zu Kapitel II

Kaplinsky, V.: Tolstoj und Plato. Ein Deutungsversuch der Erzählung »Nabeg«. In: ZslPh 6, 1929, S. 43–56; Doll, F.: Die
Tapferkeit im Frühwerk Platons und Tolstojs. In: Studia Plato-
nica. Festschrift für H. Gundert, Amsterdam 1974, S. 253–274;
Kiriljuk, Z. V.: Chudožestvennaja funkcija povestvovatelja v
voennych rasskazach L. Tolstogo. In: Lev Tolstoj, Problemy
tvorčestva, 1978, S. 223–232

Zu Kapitel III

Scheffler, L.: Überlegungen zu Erzählziel und Erzählstil der Se-
vastopoler Erzählungen von L. N. Tolstoj. In: ZslPh 37, 1974,
S. 76–100

Zu Kapitel IV

Kuprejanova, E. N.: Molodoj Tolstoj, Tula 1958; Nikolaeva,
N.: »Utro pomeščika« v idejnoj évoljucii L. N. Tolstogo. In: L.
N. Tolstoj, Sbornik statej o tvorčestve, Moskau 1959, S. 5–25

Zu Kapitel V

Pavlov, P.: Tolstoy's Novel »Family Happiness«. In: Slavonic Review 7, 1929; Popov, F. V.: Roman »Semejnoe sčast'e«. In: Jasnopoljanskij sbornik, Tula 1960, S. 40–56; Žurov, P.: K istorii sozdanija »Kazakov«. In: Lit. nasl. 69 (1961), S. 231–256; Opul'skaja, E. D.: Povest' L. N. Tolstogo »Kazaki«. In: L. N. T., Kazaki. Kavkazskaja povest', Moskau 1963, S. 341–351

Zu Kapitel VI

Gaškene, E. P.: Povest' L. N. Tolstogo »Polikuška«. In: L. N. T., Sbornik statej o tvorčestve, 2, Moskau 1959, S. 26–51

Zu Kapitel VII

Senkevič-Gudkova, V. V.: Klassovyj žargon stoličnoj aristokratii v romane L. N. Tolstogo »Vojna i mir«. In: Uč. zap. Karelo-Finskogo ped. in-ta, 1955, t. II, vyp. 1, S. 220–228; Čičerin, A. V.: O jazyke i stile romana-ėpopei »Vojna i mir«, L'vov 1956; ders.: Vozniknovenie romana-ėpopei, Moskau 1958; Wedel, E.: Die Entstehungsgeschichte von L. N. Tolstojs »Krieg und Frieden«, Wiesbaden 1961; Christian, R. F.: Tolstoy's »War and Peace«. A Study, Oxford 1962; Zajdenšnur, E. E.: »Vojna i mir« L. N. Tolstogo. Sozdanie velikoj knigi, Moskau 1966; Brang, P.: Über die Tagebuchfiktion in der russischen Literatur (Typologia Litterarum. Festschrift für Max Wehrli, Zürich 1969, S. 443–466), darin Tolstoj: S. 456–459; Chiaromonte, N.: Das Paradox der Geschichte. Zur Krise des modernen Bewußtseins (Originaltitel: The Paradox of History), Wien 1971, darin: Tolstoi und das Paradox der Geschichte, S. 30–63; Andrievskaja, A. A., Ščerbak-Majmeskul, E. A.: Sostav i funkcija francuzskich ėlementov v romane L. N. Tolstogo »Vojna i mir«. In: L. N. Tolstoj, Problemy tvorčestva (1978), S. 253–263; Rinberg, V. L.: Modeli vnutrennego monologa v charakteristike personažej L. N. Tolstogo. Ebd., S. 280–290; Silaeva, G. A.: Imena personažej romana L. N. Tolstogo »Vojna i mir« v sopostavlenii s real'nym imennikom izobražaemogo perioda. In: Leksika i slovoobrazovanie russkogo jazyka. Sbornik naučnych trudov. Otv. Red.: V. D. Bondaletov, Rjazan' 1982, S. 28–36; dies.: O modeljach imenovanija i formach ličnych imen v romane L. N. Tolstogo »Vojna i mir«. Ebd., S. 36–47

130

Zu Kapitel VIII

Müller, L.: Der Sinn der Liebe und der Sinn des Lebens. Der ideologische Plan der »Anna Karenina«. In: ZslPh 21, 1951, S. 22–39; Ždanov, V.: Tvorčeskaja istorija »Anny Kareniny«. Materialy i nabljudenija, Moskau 1957; Babaev, E. G.: Sjužet i kompozicija romana »Anna Karenina«. In: Tolstoj-chudožnik (1961), S. 150–180; Gornaja, V.: Iz nabljudenij nad stilem romana »Anna Karenina«. O puškinskich tradicijach v romane. Ebd. S. 181–206; Busch, U.: L. N. Tolstoj als Symbolist. Zur Deutung von »Anna Karenina«. In: Gogol' – Turgenev – Dostoevskij – Tolstoj. Zur russischen Literatur des 19. Jahrhunderts, München 1966 (Forum Slavicum 12, hrsg. von D. Tschižewskij), S. 7–36; McLaughlin, Sigrid: Some Aspects of Tolstoy's Intellectual Development: Tolstoy and Schopenhauer. In: California Slavic Studies 5, 1970, S. 187–245; Batereau, B.: Zeit in Lev Tolstojs »Anna Karenina«. In: WdSl 16, 1971, S. 1–19; Wedel, E.: Zur Erzähltechnik und Genreproblematik bei L. Tolstoj: »Anna Karenina« als Doppelroman. In: Slavistische Beiträge, 199. Referate und Beiträge zum VIII. Internat. Slavistenkongreß in Zagreb 1978, München 1978, S. 419–451; Baer, J. T.: Anregungen Schopenhauers in einigen Werken von Tolstoj. In: WdSl 23, 1978, S. 225–247; Schluckebier, J.: Anmerkungen zur Wirkung Schopenhauers in Tolstojs »Anna Karenina«. In: WdSl 27, 1982, S. 301–306

Zu Kapitel IX

Pletnev, R.: L. Tolstojs »Vater Sergij« und die russischen Heiligenleben. In: ZslPh 10, 1933, S. 106–125; Van Wijk, N.: Noch einmal Tolstojs »Vater Sergij«. Ebd. 11, 1934, S. 356–358; Opul'skaja, L. D.: Tvorčeskaja istorija povesti »Cholstomer«. Rannjaja redakcija (1861–1863). In: Lit. nasl. 69.1, Moskau 1969, S. 257–290; Azarova, N.: O nekotorych osobennostjach povestej Tolstogo 80–90-ch godov. In: Tolstoj-chudožnik, S. 237–259; Gerhardt, D.: Tolstoj, Irtenev und Otec Sergij. In: WdSl 18, 1973, S. 121–152; Gesemann, W.: Lev Tolstoj als »Narrativer Theologe«. In: Festschrift für W. Lettenbauer, Freiburg 1982, S. 19–28; Graciotti, S.: La fuite du Père Serge. In: Tolstoï aujourd' hui, S. 105–114

131

Zu Kapitel X

Mirsky, S. D.: Der russische historische Roman der Gegenwart. In: Slavische Rundschau 4, Prag 1932; Opul'skaja, E. D.: Psichologičeskij analiz v romane »Voskresenie«. In: Tolstoj-chudožnik, S. 314–343; Evnin, F. I.: Poslednij šedevr Tolstogo. Ebd., S. 344–396; Drews, P.: Lev Tolstojs »Hadži-Murat« als historische Erzählung. In: ZslPh 42, 1981, S. 96–115; Nivat, G.: L'effacement de Nekhlioudov (Remarques sur »Résurrection«). In: Tolstoï aujourd'hui, S. 193–198

Zu Kapitel XI

Russkie dramaturgi, vtoraja polovina XIX veka, pod. red. B. I. Bursova, Leningrad–Moskau 1962, darin: A. Ja. Gatenjan, L. N. Tolstoj, S. 225–290; Lomunov, K.: Ėstetika L'va Tolstogo, Moskau 1972, darin besonders S. 428–437; Poljakova, E.: Teatr L'va Tolstogo. Dramaturgija i opyty ee pročtenija, Moskau 1978; Lotman, L. M.: Ėstetičeskie principy dramaturgii Tolstogo. In: L. N. Tolstoj i russkaja literaturno-obščestvennaja mysl' (1979), S. 239–271; Žekulin, G.: Les résonances de »Qu'est-ce que l'Art?« dans la théorie littéraire soviétique. In: Tolstoï aujourd' hui, S. 305–311.

Postkarte

**An den
Artemis & Winkler Verlag
Werbeabteilung
Postfach 44 02 54/55**

8000 MÜNCHEN 44

Absender:

Name:

Anschrift:

Beruf:

Altersgruppe: über 20/30/40/50/60 Jahre.

Zutreffendes bitte unterstreichen.

Diese Karte habe ich dem nachstehend
aufgeführten Band entnommen:

Kritik und Anregungen sind uns
willkommen, bitte schreiben Sie uns!

**Buchbestellungen bitte an
Ihre Buchhandlung.**

Liebe Artemis & Winkler-Bücherfreunde,

wenn Sie auch weiterhin über das Programm des Artemis & Winkler Verlages unterrichtet werden möchten, bitten wir Sie, diese Karte an uns zu senden und Ihre speziellen Interessengebiete anzukreuzen.

Wir möchten es übrigens nicht versäumen, Sie darauf hinzuweisen, daß Ihr Name und Ihre Anschrift bei Rücksendung der Karte elektronisch gespeichert werden, damit wir Sie weiterhin regelmäßig mit unseren Informationen versorgen können.

☐ **WINKLER WELTLITERATUR**
- **Dünndruckausgaben**
- **Werkdruckausgaben**
- **Faksimile-Ausgaben**
- **Winkler-Hausbücherei**
- **Reihe Winkler**

☐ **ARTEMIS-BIBLIOTHEK**

☐ **ANTIKE**
- **Bibliothek der Alten Welt**
- **Sammlung Tusculum**
- **Pegasus Paperbacks**
- **Lebendige Antike**

☐ **ARTEMIS-CICERONE Kunst- und Reiseführer**

☐ **ARTEMIS-BILDBÄNDE**

☐ **BÜCHER ZUR MUSIK**

☐ **KINDERBILDER- UND JUGENDSACHBÜCHER**

☐ **LITERATUR- UND GEISTESGESCHICHTE**
- **Artemis-Einführungen**
- **Winkler Germanistik**
- **Zürcher Beiträge zur deutschen Literatur- und Geistesgeschichte**
- **Bibliothek des Morgenlandes**

☐ **WISSENSCHAFTLICHES PROGRAMM**

☐ **NACHSCHLAGEWERKE**

☐ **ARCHITEKTUR**

Postfach 44 02 54/55 · 8000 München 44